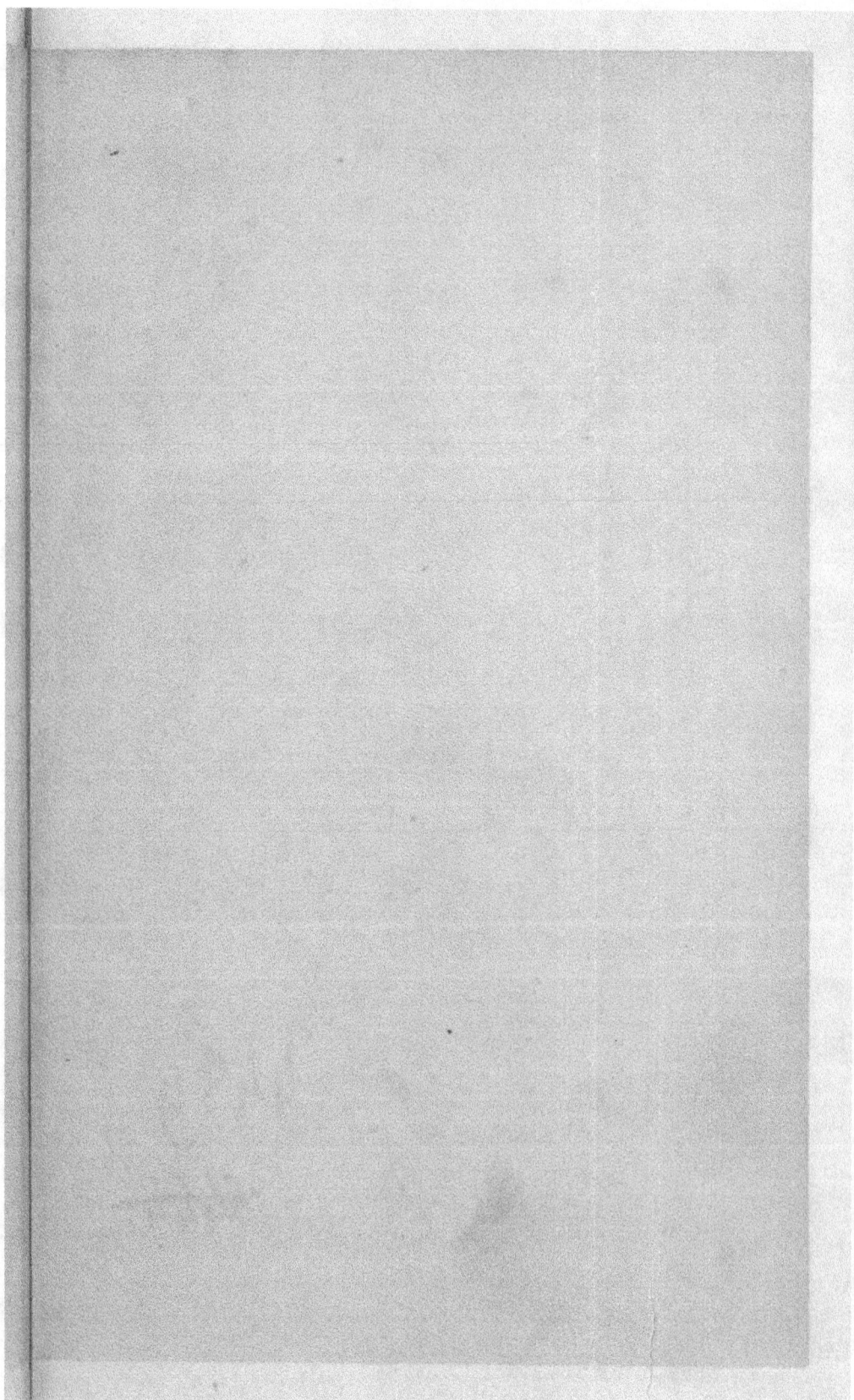

E

DES MINISTRES

DANS

LA MONARCHIE REPRÉSENTATIVE.

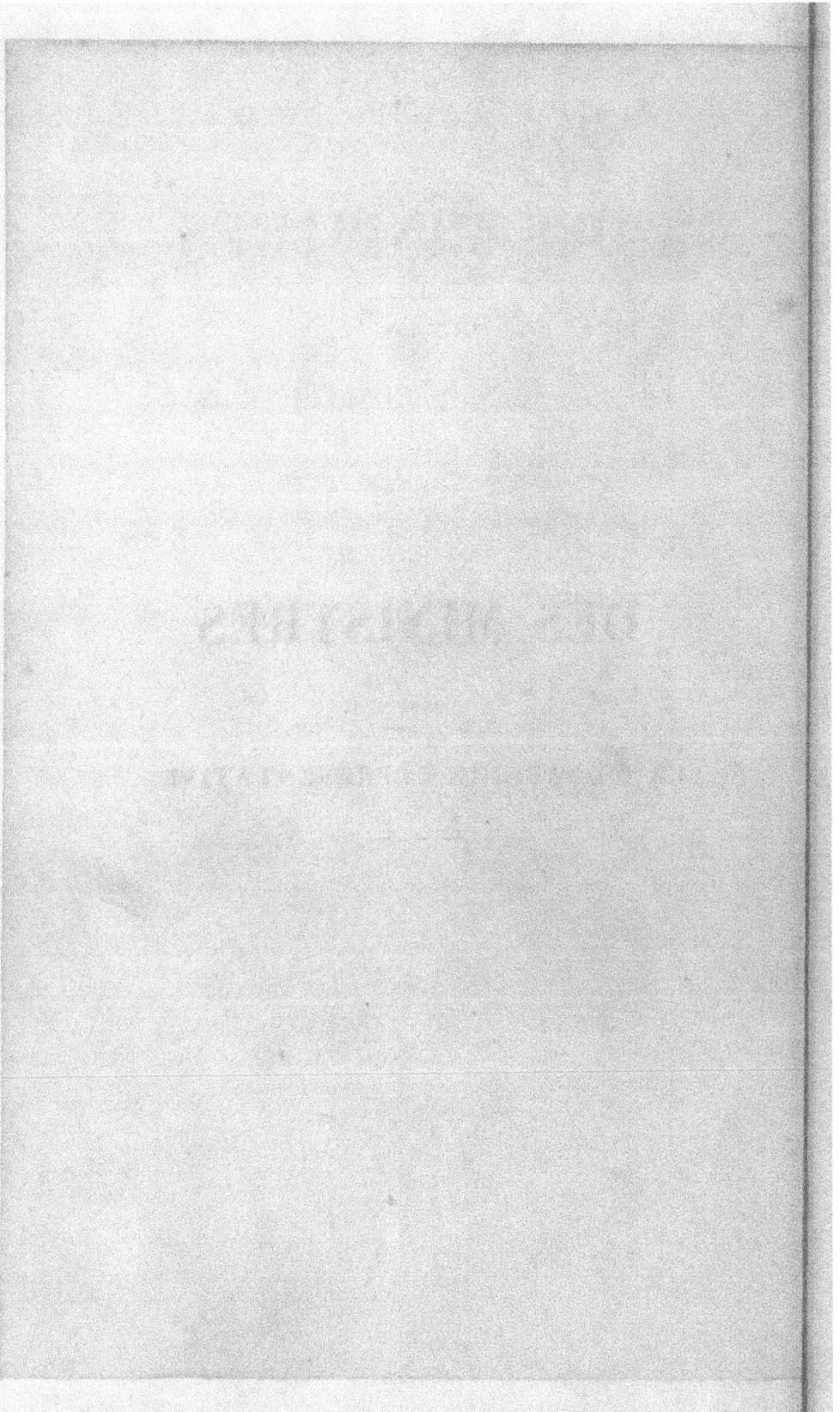

DES MINISTRES

DANS

LA MONARCHIE REPRÉSENTATIVE,

PAR Charles HIS,

INSPECTEUR-GÉNÉRAL DES BIBLIOTHÈQUES DU ROYAUME.

> J'aimerais mieux qu'on dit qu'il n'y a
> pas de Plutarque que si on disait que Plu-
> tarque est injuste ou homme de faction.
>
> PLUTARQUE, *OEuvres morales.*

PARIS,

IMPRIMERIE DE Mme Ve DONDEY-DUPRÉ,

RUE SAINT-LOUIS, N° 46, AU MARAIS.

1837.

DE CE TRAVAIL.

———

Ce n'est pas pour la première fois que j'expose mes idées sur les conditions constitutives des gouvernemens à institutions représentatives, et que je me hasarde à combattre sur ce point les opinions accréditées. En 1824, sous le ministère de M. de Villèle *, et, en 1829, sous le ministère de M. de Martignac **, j'ai publié des aperçus qui, sans être complètement identiques, étaient du moins fort analogues à ceux qu'on va lire.

* Du Roi dans la Monarchie représentative.
** Théorie de la Monarchie représentative.

Je disais alors que, pour mettre un
terme à l'état de crise dans lequel on
était déjà engagé, il n'y avait d'autre
moyen que de faire entrer dans les pouvoirs parlementaires un nouvel élément;
que, pour résoudre le problème de l'accord entre l'ordre et la liberté, il ne
suffisait pas de faire des vœux, qu'il
fallait encore créer une institution qui,
participant de leur double nature, serait
également propre à les garantir tous les
deux. En effet, les vœux, les sympathies
peuvent bien préparer les situations
politiques; mais il n'appartient qu'aux
institutions de les fixer.

Livrée à deux mouvemens entièrement opposés et privée de tout élément
conciliateur, la société devait infaillible-

ment être emportée par l'un ou par l'autre : elle l'a été en effet. Trois générations de rois ont été sacrifiées, et il n'y a maintenant que des débris à la place même où l'on se refusait à voir un écueil.

Cependant cette expérience ne nous a rien appris. Nous vivons au milieu des crises comme les statues au milieu des tempêtes : nous les subissons sans les comprendre.

Nous croyons que, pour changer les choses, il suffit de changer les hommes, que tout dépend de la bonne ou de la mauvaise volonté de ceux qui sont investis du pouvoir : c'est une erreur. La force des hommes est impuissante contre la force des choses. Quand les positions

sont fausses, il est impossible que les
actes ne le soient pas. La science du
gouvernement est une science exacte.
Tout y est subordonné à la bonne ou
à la mauvaise organisation des pouvoirs
publics, à la force ou à la faiblesse des
cadres dans lesquels les passions doivent
être contenues.

La machine à gouverner doit être
construite comme toute autre machine.
Les diverses parties qui la constituent
doivent être combinées de manière à
produire nécessairement l'effet pour lequel elles sont instituées. Le ressort
principal doit être assez ferme pour
surmonter toutes les résistances, pour
imprimer le mouvement aux ressorts
secondaires. En un mot, il faut un sys-

tème complet : et, en politique, un
système s'entend à la fois de la série
des moyens à l'aide desquels chaque
pouvoir accomplit sa mission particulière, et de la pensée qui préside à
l'harmonie générale.

C'est sous ce rapport quasi géomé-
trique que j'ai autrefois envisagé notre
position, et que je crois devoir l'envisager de nouveau. Quand on s'est mis au
service d'une idée, il faut savoir y être
fidèle. Seulement mes études porte-
ront plus spécialement sur un point
que je n'avais traité qu'indirectement.
Le pouvoir royal ne m'était apparu que
dans ses rapports avec la formation de
la loi dont, par la charte de 1814, il
avait exclusivement l'initiative. La ré-

vision de 1830 a changé cette disposition, et je devrai m'en occuper beaucoup
moins. Mais le roi reste chargé de la
nomination des ministres. Je vais donc
examiner si le pouvoir royal est orga-
nisé de manière à remplir sa mission.
La question est grave. Il ne s'agit de rien
moins que de remédier à un état de
choses qui place la dynastie de la branche cadette des Bourbons dans une position aussi dangereuse que celle où
nous avons vu succomber la branche
aînée. La France ne veut pas voir recommencer les 221. Je prends la plume
pour lui en indiquer le moyen.

Si on laisse subsister les mêmes causes,
on devra toujours craindre le retour des
mêmes effets, et les événemens qui ont

dominé notre passé pourront d'un instant à l'autre fondre sur notre avenir.
Qu'on daigne y réfléchir. Si notre
époque n'est pas la fin de la révolution, elle en sera la récrudescence.
N'est-il donc pas temps de briser l'échelle
à l'aide de laquelle on monte périodiquement à l'assaut du pouvoir ? N'avons-
nous donc pas encore assez versé d'or
et de sang ?

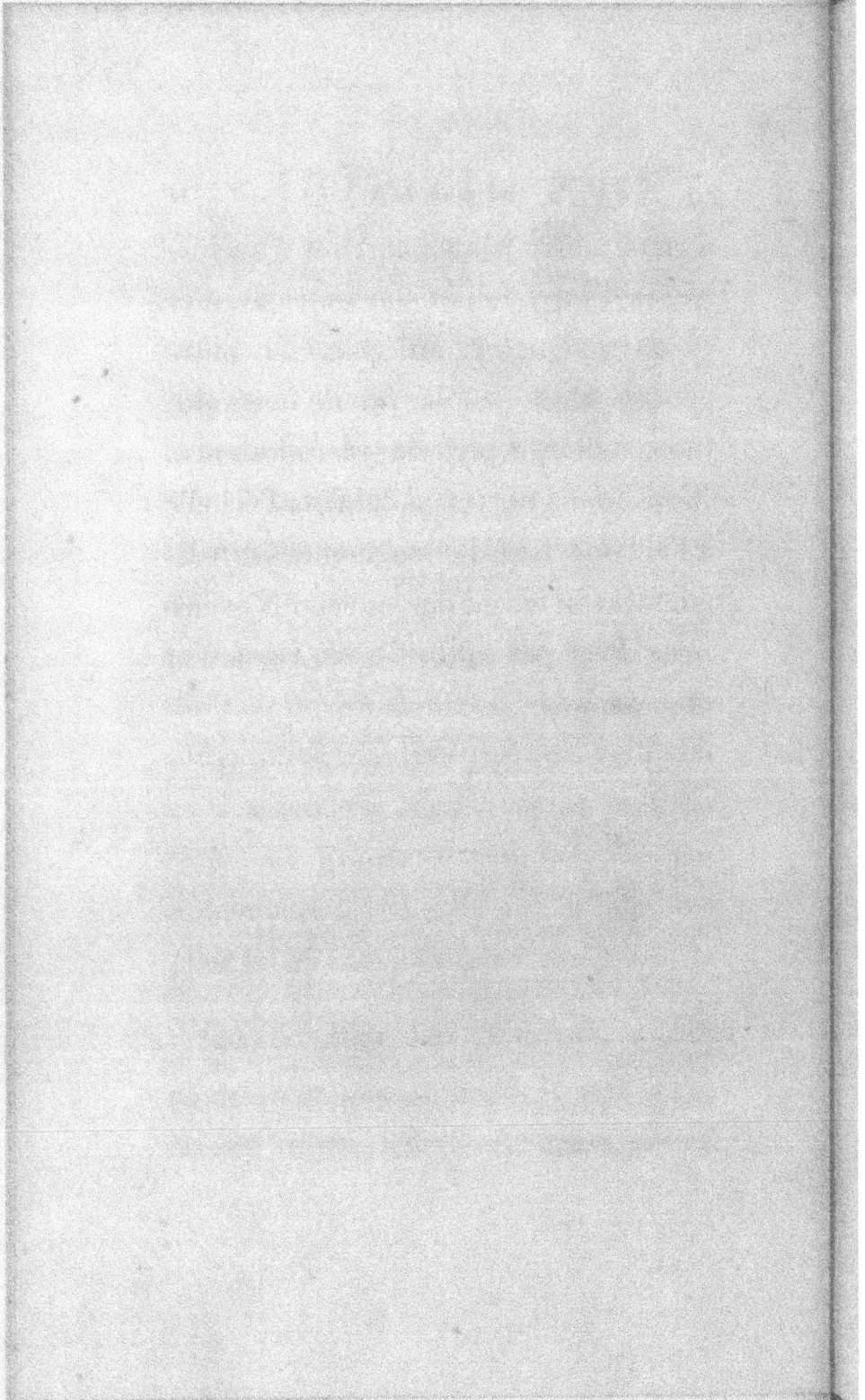

DES MINISTRES

DANS LA MONARCHIE REPRÉSENTATIVE.

CHAPITRE PREMIER.

IDÉE GÉNÉRALE.

Aux termes de notre Charte, le roi est investi d'une portion du pouvoir législatif et de la totalité du pouvoir exécutif. Mais cette double prérogative, ce n'est pas le roi lui-même qui l'exerce : ce sont ses ministres en son nom. Le mode d'élection des ministres est donc le point le plus important de notre organisation politique. On peut dire que c'est la clef de la position.

En se plaçant au point de vue anglais, le roi peut choisir ses ministres entre quatre cent cinquante députés et environ trois cents pairs. Il a donc, du moins en apparence, une grande latitude dans ses mouvemens. Le nombre et la nature des candidats semblent ici dépasser les proportions de toutes les exigences.

Cependant il est impossible d'oublier combien, au sein de cette abondance, la couronne éprouve de disette, toutes les fois qu'il s'agit de former un nouveau ministère. Deux fois, en deux années successives, elle a été prise en flagrant délit d'impuissance : et, si, dans la triple crise dont nous avons été témoins en 1836, elle a fini par être plus heureuse qu'en 1834 et 1835, la longue durée de ses efforts et le peu de durée de ses combinaisons n'en ont pas moins témoigné qu'auparavant toute l'étendue de ses embarras.

L'inconvénient de la situation est même devenu plus sensible pour tout le monde; parce que, contrairement à la nature des passions humaines, au lieu de voir augmenter le nombre des candidats, on l'a vu successivement diminuer et enfin réduit à la plus exiguë des proportions. Qu'on ne croie pas que cela tient à des circonstances qui ne se présenteront plus. Je ne crains pas d'affirmer, au contraire, que plus on ira, plus on s'embrouillera; et que ce qui n'a été jusqu'ici qu'une difficulté, peut, d'un instant à l'autre, devenir un danger.

Force est donc d'examiner quelle peut être la cause de semblables tiraillemens, et d'aviser à ce qu'il faudrait faire pour en éviter le retour. Force est d'examiner si nous sommes aussi *pauvres* que nous en avons l'apparence, ou si seulement nous ne savons pas tirer parti de nos richesses ; si le gouvernement d'une grande nation doit rester emprisonné dans le cercle étroit de quelques individus, et s'il n'y a pas quelque chose de mieux à essayer.

Quant à la cause, il ne me sera pas difficile de démontrer qu'elle tient à ce que le point de vue sous lequel nous nous sommes placés est entièrement faux ; qu'il n'y a point d'analogie entre la position des pouvoirs de la Grande-Bretagne, tels que les avait faits sa révolution de 1688, et la position des pouvoirs de la France, tels que les ont faits la Charte de 1814 et la révision de 1830. Notre loi fondamentale a placé le pouvoir royal au premier rang des pouvoirs publics. Il n'est donc pas logique de prendre

pour l'y maintenir les moyens employés ailleurs
pour le retenir au dernier.

Quant au remède, quant aux moyens, qu'il
faudrait employer pour le retirer des embarras
auxquels il est périodiquement exposé, vainement on irait les chercher dans les vieilles for-
mules de la routine parlementaire. Il n'y a rien
dans tout cet arriéré qui puisse nous servir de
guide.

Le propre d'une bonne organisation sociale
est de n'être applicable qu'au pays et au temps
pour lesquels elle est faite. Sans doute les principes sont éternels; sans doute la science politique est une science exacte; mais le mode d'en
faire l'application varie à l'infini. La politique
est aussi une science d'observations. Les doctrines y changent comme les faits, et celles de
l'étranger, appliquées aux événemens de la patrie, ne sont pas moins des erreurs que les
doctrines des temps passés appliquées au temps
présent.

Sous peine de la vie, il faut sortir du labyrin-
the des réminiscences. On ne peut se soustraire

aux conséquences de sa position qu'en en prenant une meilleure. Il faut réparer le pouvoir ;
mais cette réparation ne peut se faire avec les
moyens qui l'ont endommagé. Nous avons une
machine à laquelle il manque un rouage. Il faut
forger ce rouage; car, tant que durera cette lacune, aucune solution définitive n'est possible.
Les systèmes incomplets ne mènent à rien : à
peine sortis d'une crise, nous retomberons dans
une autre. L'ordre public, toujours victorieux,
sera toujours menacé, et la patrie, toujours sau-
vée, ne cessera pas un instant d'être en péril.

CHAPITRE II.

DU GOUVERNEMENT REPRÉSENTATIF.

Le mal ne serait pas si avant dans les choses s'il n'était d'abord dans les idées. Ce sont donc les fausses idées qu'il faut commencer par combattre. Ce sont là les grands coupables pour lesquels il faut être sans pitié.

Je commence par celle sur laquelle reposent toutes les autres, et qui est enfermée dans les expressions mêmes qui font le sujet de ce chapitre. Ainsi non-seulement le mode actuel de choisir les ministres, mais une foule d'autres usages parlementaires qui sont observés chez nous avec une fidélité scrupuleuse, ne le sont, que parce que nous les considérons comme les conséquences invariables du gouvernement représentatif. Eh bien! si on veut prendre les termes dans la rigueur de leur acception (et sans cette précaution toutes les grandes questions

seraient insolubles), si , dis-je, on veut prendre
les termes dans la rigueur de leur acception :
il n'y a point de gouvernement représentatif.

Ce qu'on appelle de ce nom est un nouvel état
de la société , et non une nouvelle nature de gouvernement. Pour qu'un gouvernement soit représentatif (locution que je n'emploie qu'à dessein d'en montrer l'insuffisance), il suffit que les
grands intérêts de la société y soient représentés,
et que les institutions garantes de cette faculté
de représentation, érigées en pouvoirs publics,
aient, chacune dans sa sphère, le libre arbitre
de leur volonté ; mais cela ne suffit pas pour qu'il
y ait gouvernement.

Les conditions gouvernementales et les conditions représentatives sont des conditions fort
différentes. Le principe représentatif, qui n'est
autre que le principe garant des libertés , et le
principe gouvernemental , qui n'est autre que le
principe garant de l'ordre, sont deux principes
fort distincts. Le premier peut s'allier à tous les
principes de gouvernement, mais ne saurait
jamais les remplacer.

En Angleterre, il s'est uni d'abord au principe aristocratique, parce qu'à cette époque de son premier développement il n'avait d'abri possible que sous l'aristocratie. C'est contre toutes les règles de la science, contre toutes les lois de la logique, qu'on vient aujourd'hui ériger ce fait particulier en maxime générale pour tous les pays et pour tous les temps.

Maintenant, en France, tout gravite vers le droit commun. Le principe représentatif ne peut donc s'allier en France qu'à un principe compatible avec ce nouvel état de la civilisation. Il ne peut donc aujourd'hui y avoir rien de commun entre les conséquences du gouvernement représentatif telles qu'on les a si long-temps comprises en Angleterre, et les conséquences du gouvernement représentatif telles qu'on devrait maintenant les comprendre en France. Les conditions des pouvoirs sociaux ne peuvent être les mêmes quand l'état de la civilisation est si différent. Il faut de l'affinité entre les pierres d'un édifice et le ciment qui doit les unir, si on veut que le monument subsiste.

Que peuvent les théories et les argumenta-

tions contre cette diversité des temps et des so-
ciétés humaines? Il y a autant de gouvernemens
représentatifs distincts que de positions sociales
susceptibles de devenir des positions gouvernementales. Ceux donc qui, faute d'une attention
assez soutenue, ne proscrivent pas l'alliance de
ces deux expressions à cause de leur insuffisance,
devraient au moins la rejeter à cause de son
obscurité; car, quand on a dit à quel signe on
reconnaît qu'un gouvernement est *représentatif,*
il reste encore à dire celui auquel on peut
reconnaître qu'il est *gouvernement.* Je prie
qu'on s'arrête à cette première donnée : « Il n'y
« a pas de gouvernement représentatif. » C'est
une donnée nouvelle qui, en expliquant les
erreurs passées, peut empêcher les erreurs à
venir. Mais tant que l'on confondra la forme et le
fond, l'idée mère et les idées subordonnées, il
est impossible de rien faire qui offre la moindre
garantie de stabilité. Aujourd'hui ceci paraît
peut-être un paradoxe; demain ce sera un lieu
commun, tant les faits sont évidens.

CHAPITRE III.

DE LA CLASSIFICATION DES GOUVERNEMENS
A INSTITUTIONS REPRÉSENTATIVES

Ce n'est pas assez de combattre les fausses idées, il faut encore leur en substituer de meilleures. L'erreur ne sera pas détruite tant qu'elle ne sera pas remplacée par la vérité.

Que faut-il donc pour qu'il y ait gouvernement? il faut que, parmi les pouvoirs, il y en ait un qui exerce la suprématie. Il faut que l'un soit la force motrice, le *pouvoir dominant*; les autres ne peuvent être que la force d'inertie, les *pouvoirs-limites*. Si la sagesse suprême n'est pas quelque part, l'état sera sans cesse exposé à l'inconvénient des conflits.

Est-ce le pouvoir aristocratique que l'état de la civilisation a mis en possession de la suprématie, comme cela a existé en Angleterre, depuis 1688 jusqu'à la loi de réforme? Dès lors c'est à lui qu'appartient la direction des affaires intérieures et extérieures ; c'est lui qui indique aux autres pouvoirs le but de la loi et la marche de l'administration. Il est le pouvoir dominant. Les pouvoirs représentatifs des autres intérêts ne sont que des pouvoirs-limites. Le gouvernement est une ARISTOCRATIE REPRÉSENTATIVE.

La première de ces expressions indique, comme on voit, la nature du gouvernement ; la seconde ne s'entend que de la nature des institutions.

L'état de la civilisation est-il tel que, sans s'embarrasser des classes supérieures et des classes inférieures, la classe moyenne puisse faire mouvoir à son profit le pouvoir monarchique? Dès lors elle est le pouvoir dominant. Les pouvoirs représentatifs des autres intérêts ne sont que des pouvoirs-limites ; et il y a nécessité de créer un mot nouveau pour exprimer une nouvelle position. Le gouvernement sera une MÉSOCRATIE REPRÉSENTATIVE *.

Au contraire, est-ce le pouvoir démocratique

* Μέσος, moyen ; κρατέω, je gouverne.

qui est en possession de la suprématie? le gouvernement est une DÉMOCRATIE REPRÉSENTATIVE.

Mais l'aristocratie et la mésocratie ne représentent que la majorité d'un seul des intérêts sociaux. La démocratie est plus tyrannique encore;
c'est l'oppression des supériorités par les masses.
Maintenant l'état de la société française est tel
que la condition du pouvoir dominant consiste
à ne laisser aucun intérêt hors de son action. Le
sentiment de l'égalité est devenu le plus puis-
sant de tous nos sentimens, et il n'y a que le
pouvoir monarchique qui soit apte à le satisfaire;
parce qu'il n'y a que lui qui ne soit point exclusif; parce qu'il n'y a que lui qui puisse répondre à toutes les exigences d'un pays parvenu
au degré de civilisation où nous sommes aujour-
d'hui.

Que le législateur comprenne cette position;
qu'il fournisse au monarque un mode de choisir
ses représentans en harmonie avec cette grande
nécessité; alors, mais seulement alors, le pouvoir monarchique sera le pouvoir dominant;
les pouvoirs représentatifs des autres intérêts

ne seront que des pouvoirs-limites ; le gouvernement sera une MONARCHIE REPRÉSENTATIVE.

Ceux qui croient qu'il y a monarchie toutes
les fois qu'il y a un monarque au rang des pouvoirs de la société , et ceux qui soutiennent que
dans les gouvernemens à institutions représentatives le pouvoir monarchique est essentielle-
ment obéissant , sont également hors de la vérité.
A la différence des corps physiques , c'est la
volonté et non l'action qui fait l'essence des corps
politiques ; et, quel que soit celui des pouvoirs
qui a la part principale dans la formation de
cette volonté , c'est à lui qu'est réservé le droit
de spécifier la nature du gouvernement et de
le marquer de son sceau particulier.

CHAPITRE IV.

CONSÉQUENCES DE LA DIVERSITÉ DU PRINCIPE DANS LES GOUVERNEMENS A INSTITUTIONS REPRÉSEN-TATIVES.

Parmi les maximes de gouvernement, il y en a de flexibles et qui se prêtent à des modifications diverses ; il y en a d'autres qui sont immuables, et sur lesquelles aucune transaction n'est possible. Celles que je viens d'indiquer sont dans cette dernière catégorie. L'indécision sur celui des pouvoirs auquel appartient la suprématie conduit inévitablement à l'anarchie. En revanche, une fois ce point bien établi, il n'y a plus qu'à en déduire les conséquences.

La première de toutes, celle que tôt ou tard on sera forcé d'admettre, parce que, en dehors de cette conséquence, il n'y a point de salut possible ; la première, dis-je, *c'est que le pouvoir dominant ne peut pas changer de place sans que les diverses positions politiques ne doivent subir un mouvement analogue.*

Ainsi, lorsque le gouvernement passe de l'aristocratie à la démocratie, celles des attributions qui étaient précédemment le partage du pouvoir aristocratique considéré comme pouvoir dominant doivent aller au pouvoir démocratique; et, par la même raison, celles des attributions qui étaient le partage du pouvoir démocratique considéré comme pouvoir-limite doivent devenir celles du pouvoir aristocratique. Les lois ordinaires elles-mêmes ne devraient pas être exceptées de cette subordination; et c'est le défaut de nos divers codes (si toutefois j'en excepte le code civil), c'est, dis-je, le défaut de nos divers codes, d'être dénués de ce caractère de spécialité. Le légiste s'y montre partout, le législateur nulle part. C'est du *Cambacérès* tout pur. Il faut que tout change en même temps dans un état, si on veut y retrouver le même ordre et la même harmonie.

En effet, on comprend facilement que, chaque système ayant son unité, la moindre atteinte portée à une de ses parties jette dans l'ensemble un trouble plus ou moins dangereux. Dans une

aristocratie, faites-vous des lois qui dérivent du
principe mésocratique? l'état aura nécessairement
une tendance plus ou moins marquée vers l'avenir
de la mésocratie. Dans la monarchie, faites-vous
des lois qui dérivent du principe démocratique?
les eussiez-vous votées au cri mille fois répété de
Vive le Roi! l'état aura une tendance nécessaire
vers l'avenir de la démocratie. C'est surtout dans
les gouvernemens à plusieurs pouvoirs qu'il est
interdit de faire des fautes de ce genre. Ce que
perd la royauté, la république le gagne. Les
concessions n'y sont pas moins dangereuses que
les usurpations. Le monde politique est comme
le monde physique, soumis à des règles indé-
pendantes de nos sophismes; et, sans que notre
opposition ou nos vœux y puissent rien changer,
chaque loi produit invariablement les effets qui
lui sont propres.

Dans l'aristocratie, les ministres, bien que
proclamés par le roi, sont réellement nommés
par l'institution garante de la suprématie aristocratique, et cela doit être; car, si le pouvoir
aristocratique n'était pas maître de la nomination
des ministres, il ne serait pas le pouvoir domi-

nant. Mais, lorsque, dans une monarchie, vous adoptez le mode de choisir les ministres en harmonie avec la suprématie aristocratique, dès lors vous préparez une révolution qui, tôt ou tard, sera favorable à l'aristocratie, ou du moins au monopole d'une seule classe à l'exclusion de toutes les autres. Cette conséquence est de rigueur. Si donc nous voulons la monarchie représentative, n'oublions pas que sa condition est de fonctionner monarchiquement. Puisque, toutes les fois que le pouvoir dominant change de place, les diverses positions politiques doivent subir un mouvement analogue, la condition des ministres doit varier comme le principe particulier du gouvernement auquel ils appartiennent.

Comment donc faudrait-il les choisir? il faudrait les prendre dans une institution spécialement garante de l'efficacité du pouvoir monarchique. Il ne suffit pas de poser des principes, d'établir des pouvoirs, il faut encore leur fournir les moyens propres à remplir le but pour lequel ils sont institués.

La formation de tout gouvernement exige

deux opérations très-distinctes, mais également indispensables. D'abord il faut établir les pouvoirs publics ; mais ensuite il faut déterminer leur action par des règles et des conditions propres à en assurer l'exercice et à en perpétuer la durée. A quoi servirait l'établissement des pouvoirs sans les moyens propres à assurer leur efficacité, ou bien si ces moyens étaient en opposition avec le résultat qu'ils doivent obtenir ?

Quelle doit donc être cette institution, spécialement faite pour garantir l'efficacité du principe monarchique ? Avant de répondre, je dois écarter quelques idées trop fortement accréditées pour ne pas m'empêcher d'être compris. On se récrie beaucoup contre les préjugés de la classe ignorante. Ceux de la classe savante ont des racines bien autrement profondes, bien autrement vivaces ; et ce sont ces derniers auxquels j'ai déclaré la guerre.

Ce ne sont donc pas des idées secondaires que je viens combattre, ni des idées secondaires que j'essaierai de fonder. Il en est de ce débat comme de celui qui aurait lieu entre des personnes de religions différentes. Attaquer séparé-

ment tels ou tels dogmes, ou établir isolément
telles ou telles vérités, ce serait perdre son temps.
De cette manière, on ne fait sentir ni la faiblesse
des uns ni la force des autres. On dépouille
celles-ci de leurs moyens de conviction ; on
laisse à celles-là l'immense avantage qu'elles ont
d'être reconnues. J'ai affaire à toute la vieille
école, que j'appellerai désormais l'*école spéculative*, d'abord parce que cette épithète caractérise bien sa nature ; ensuite parce qu'elle
m'évite l'inconvénient d'employer des sobriquets
dont l'usage peut toujours paraître plus ou
moins injurieux. Les bases sur lesquelles
s'appuie l'école spéculative sont *l'équilibre des
pouvoirs, les majorités parlementaires et la souveraineté du peuple*. Ce sont ces trois colonnes
dont il faut d'abord constater le peu de
solidité : nous aviserons ensuite aux moyens de
les remplacer.

CHAPITRE V.

DE L'ÉQUILIBRE DES POUVOIRS.

———————

En théorie, rien n'est plus facile que de substituer à la nécessité de la suprématie d'un pouvoir sur les autres la nécessité du parfait équilibre des pouvoirs entre eux. Ni la parole ni la plume ne se refusent à l'impartialité de cette combinaison. Mais, quand de la théorie on veut passer à la pratique; quand on veut quitter les nuages pour mettre pied à terre, s'il est permis de parler ainsi, on la sent qui se dérobe sous tous les efforts; et, au lieu d'une théorie plus ou moins séduisante, on ne retrouve plus qu'un sophisme suspendu sur l'abîme des impossibilités.

Un pouvoir est le produit d'une force. Des pouvoirs opposés sont le produit de forces contraires; et, quand des pouvoirs égaux en force et rivaux en prétentions se trouvent en face les uns des autres, ils sont en état de guerre; ils tendent à s'entre-détruire et non à s'équilibrer.

Telle est la nature des choses, et il n'est pas au pouvoir de l'humanité de trouver dans les choses d'autres élémens que ceux qui y sont enfermés. Il n'y a jamais eu, il n'y aura jamais de parfait équilibre des pouvoirs. Il y a incompatibilité entre cette maxime et l'existence du gouvernement. L'équilibre est la négation du mouvement, et, pour un gouvernement, la négation du mouvement, c'est la mort. Où était l'équilibre des pouvoirs en Angleterre quand la Chambre des lords composait à son gré la Chambre des communes ? Où est le gouvernement depuis que la Chambre des communes a une position parallèle à celle de la Chambre des pairs ?

Qu'on ne croie pas que même en Angleterre les hommes politiques aient jamais été dupes de toutes ces illusions de l'école spéculative ! Non-seulement les Anglais ne croient pas à l'équilibre des pouvoirs ; mais ils y mettent en question jusqu'à leur division. « Je sais bien, disait à la Chambre des communes, dans la session qui a suivi immédiatement la loi de réforme, un homme sur lequel la jeune Angleterre fonde les plus hautes espérances, M. Machaulay, je sais

bien que la théorie de la constitution anglaise
regarde le pouvoir législatif comme distinct du
pouvoir exécutif; mais les hommes politiques
ont toujours regardé cette distinction comme
illusoire , et l'expérience a confirmé leur opinion. »

En effet, des pouvoirs complètement isolés
les uns des autres ne forment pas plus un gouvernement que des colonnes complètement sé-
parées ne formeraient un édifice. Chaque pouvoir doit être indépendant dans sa sphère ; et,
sous ce rapport , M. Machaulay et les wighs, dont
il était l'organe, me semblent hors de la vérité
quand ils contestent la division des pouvoirs.
Mais ces sphères doivent circuler autour d'un
centre commun , et c'est probablement à cette
idée d'unité qu'ils rallient leur pensée, quand
ils refusent de distinguer le pouvoir législatif du
pouvoir exécutif. Un système où chaque pouvoir
s'organiserait à sa manière ne serait pas une
œuvre logique. Les pouvoirs doivent plutôt être
engrenés les uns avec les autres , de manière à
former un tout homogène , que divisés comme
des machines à part.

Pour me mieux faire comprendre, je vais citer un exemple. Aux termes de la Charte de 1814, le président de la Chambre des députés était nommé par le roi sur une liste de candidats choisis à la majorité des voix. C'était ainsi que la Chambre des députés était engrenée avec le pouvoir royal. Par la révision de 1830, le roi est étranger à la nomination du président de la Chambre. On a isolé la chambre de l'influence royale ; on en a fait une machine à part : et c'est une des plus graves atteintes qui aient été portées à l'harmonie de l'ensemble. Il ne faut pas qu'on puisse prendre un fauteuil pour un trône, ni un trône pour un fauteuil. Établir la hiérarchie des pouvoirs sur l'égalité sociale, voilà le but vers lequel en France doivent tendre tous les efforts du législateur.

Un gouvernement est un ensemble d'idées subordonnées à une pensée principale. C'est une sorte de mécanisme dans lequel chaque rouage, tout en produisant son effet particulier, doit cependant concourir à l'action d'une force motrice principale à laquelle est particulièrement attaché le cours de l'ordre social. Quand donc

le législateur a établi les pouvoirs-limites , sa
pensée a dû spécialement s'arrêter sur le mode
le plus propre à les rattacher au pouvoir dominant ; de telle sorte que, destinés à modérer ses
mouvemens , ils ne puissent jamais les paralyser
complètement. L'alliance du pouvoir et de la
liberté , ce dernier terme auquel aspirent tous
nos vœux , ne sera jamais cimentée qu'à ce
prix.

CHAPITRE VI.

DES MAJORITÉS PARLEMENTAIRES.

Le principe des majorités parlementaires découle naturellement de celui de l'équilibre des pouvoirs ; car à l'idée d'équilibre est jointe celle de repos : et, comme il faut qu'un gouvernement se meuve, force est de lui trouver un mode de rompre cet équilibre. Or ce mode, selon l'école spéculative, ne peut être autre que celui des majorités parlementaires. Les ministres ont-ils ou n'ont-ils pas la majorité ? voilà en définitive comment peut se résumer tout le système qu'elle décore du nom de gouvernement représentatif.

Pour la solution des plus grands problèmes, il y a moins qu'une addition à faire ; et celui qui sait que 215 fait plus que 214 sait la politique tout entière. Le gouvernement n'est plus qu'une sorte de jeu de hasard dont le croupier, sous le nom pompeux de roi, proclame indifféremment les chances ; tandis qu'armé du râteau d'or le vainqueur ramasse les portefeuilles et délivre à ses *partner* les dépouilles des perdans.

Par bonheur, ici le sens commun rejette ce que cette sorte de politique admet; et il n'est pas possible de croire que le gouvernement soit chose si simple qu'il ait nécessairement acquis toutes les garanties de justice lorsque les ministres ont la majorité.

Pour commander à des intelligences, il faut une intelligence supérieure. Pour que la vie politique existe, pour qu'il y ait gouvernement, il faut une direction homogène et une action continue. UNITÉ, FIXITÉ : tels sont les deux caractères sans lesquels il n'y a pas de gouvernement. Jamais les empires ne se sont élevés à un haut degré de puissance sans les réunir; et c'est surtout dans les gouvernemens à institutions représentatives, où les élémens de l'ordre social sont à chaque instant mis en question, où les intelligences sont si fortement agitées par la tribune et par la presse, que ce point de ralliement est indispensable. Le gouvernement doit laisser libres toutes les opinions, mais il doit avoir son opinion à lui. Le droit de libre examen dans les matières politiques n'exclut pas la foi du gouvernement dans ses propres doctrines.

Gouvernementalement parlant, les majorités
ne sont quelque chose que par les principes
qu'elles représentent, que parce qu'elles sont
l'expression ou du pouvoir dominant ou des
pouvoirs-limites; même, à la guerre, le succès
dépend des combinaisons stratégiques, et non
du nombre. Quel que soit le nom qu'on donne
au nombre, quand il ne représente pas un
principe, c'est toujours la force matérielle qu'on
met à la place de la force politique. Le gouvernement existe par son indispensable nécessité;
sa puissance est dans la précision avec laquelle
sa construction est assujettie aux lois de la
science, bien plus que dans le nombre de ceux
qui le soutiennent.

Toutefois, il y a ici une distinction bien importante à faire. Il ne faut pas confondre les majorités seulement législatives avec les majorités
gouvernementales, les majorités purement *négatives* avec les majorités *positives*.

Dans tout gouvernement à institutions représentatives, quel que soit son principe particulier,
la loi ne peut se passer de majorité; et ce n'est

pas là ce que je viens attaquer : c'est, au contraire, ce que je viens défendre. Toutes les fois
qu'il s'agit du concours à la confection des
lois , chaque pouvoir a son action propre, qu'il
dirige d'après sa volonté et son intelligence.
Dans ce cas , l'action des pouvoirs-limites n'est
pas moindre que celle du pouvoir dominant. En
effet , si le pouvoir dominant n'était obligé que
de faire subir la discussion à ses projets , sauf à ne
suivre que ses volontés, les institutions ne seraient
plus que *consultatives*, et non pas représentatives. Dans tout gouvernement à institutions
représentatives donc, quel que soit son principe,
toute loi refusée par la majorité d'un des pouvoirs-limites est une loi non avenue.

Mais, pour savoir si c'est là une majorité po-
sitive ou simplement une majorité négative , il
faut envisager la question sous une nouvelle face.
Autre chose est pour les ministres de ne pouvoir
faire passer les lois sans le concours de la majorité
des Chambres : autre chose est de recevoir la direction de cette majorité, et d'y être subordonnés.

J'entends bien comment , dans l'aristocratie
(si toutefois elle est constituée de manière à

jouir des deux caractères sans lesquels il n'y a
pas de gouvernement), j'entends bien, dis-je,
comment une majorité aristocratique impose un
système à ses ministres. Qui dit ministre dit
serviteur, dit exécuteur d'une pensée à laquelle
il participe, mais qui n'est pas la sienne propre.
Ainsi, dans l'aristocratie comme dans la démocratie, quand les ministres perdent la majorité,
ils ne peuvent plus être les exécuteurs d'une
pensée qu'ils sont censés ne plus comprendre.
Dans ce cas-là les majorités sont positives; elles
représentent le pouvoir dominant.

Mais, quand c'est le principe monarchique
qui est le principe du gouvernement, le rejet
d'une loi par les pouvoirs-limites ne peut pas
signifier que les ministres qui l'ont présentée
n'ont pas compris la pensée du pouvoir qui les
a choisis. Les portefeuilles ne peuvent donc pas
être, dans la monarchie comme dans l'aristocratie ou la démocratie, à la disposition des
Chambres. Le rejet d'une loi par les Chambres,
dans la Monarchie représentative, ne doit avoir
aucune influence sur le sort des ministres, si
l'on veut que le principe du gouvernement reste

sans altération. Dans ce cas, les majorités sont
négatives ; elles ne représentent que les pouvoirs-limites. En un mot, dans les gouvernemens
à plusieurs pouvoirs, les questions de cabinet ne
regardent que le pouvoir dominant ; dans l'aristocratie, que le pouvoir aristocratique ; dans la mésocratie, que le pouvoir mésocratique ; dans la monarchie, que le pouvoir monarchique.

Toute opposition systématique, toute opposition qui rejette les lois dans le dessein de renverser les ministres, est donc une opposition
contraire au principe monarchique. Alors les
chambres n'examinent plus les lois sous le rapport de leurs avantages ou de leurs inconvéniens, mais seulement sous celui qu'elles peuvent avoir avec le maintien ou la chute du ministère. Aussi, quand une fois les Chambres ont
fait les ministres, elles n'ont plus rien à faire :
les ministres sont tout, et les Chambres ne sont
plus rien. Renverser les ministres, ou les suivre
en aveugles dans tout ce qu'ils proposent, voilà
le seul parti qui leur reste à prendre.

Jusqu'à la loi de réforme, ce qu'on entendait
en Angleterre par majorité et par opposition
n'était qu'une lutte entre des hommes dévoués

au même principe. Le dissentiment de l'opposition avec le ministère ne portait jamais que
sur des questions incidentes, et toujours sur le
choix des moyens propres à arriver au même
but. Était-elle vaincue? rien d'important n'était
compromis. Était-elle triomphante? rien d'important n'était ébranlé. Comme il n'était jamais
question que de l'habileté à gouverner; bien
que le ministère dût être le prix du vainqueur,
ce changement ne touchait pas à de plus grands
intérêts, et n'altérait aucune des maximes du gouvernement. Le pouvoir dominant changeait de
main et non de nature : c'était le jeu de barres
de nos enfans. Celui qui les gagne prend la place
de celui qui les perd; et la partie continue sous
les mêmes conditions. Mais ce jeu ne pouvait
durer qu'autant que durerait l'harmonie entre
l'opposition et le ministère, entre la Chambre
des communes et la Chambre des lords. Écoutez
aujourd'hui M. O'Connell. « L'année dernière
encore j'aurais pu consentir à un compromis;
mais, après les insultes des lords, il n'y a plus de
transaction possible *. »

* Ces paroles ont été prononcées le 11 novembre 1836, à la réunion de l'association générale de Dublin.

Chez nous, il n'y a jamais rien eu de semblable à ce qu'on a vu si long-temps en Angleterre. Nos oppositions (car nous en avons plusieurs) ne sont en harmonie ni entre elles ni
avec aucun principe qui leur soit commun.
Examinées dans leurs rapports particuliers, elles
présentent des aversions si invincibles, des in-
compatibilités si profondes, qu'on serait tenté de
croire qu'elles ne pourront pas continuer à vivre
ensemble. On croit toujours les entendre ré-
péter, avec M. O'Connell, *il n'y a plus de transaction possible*.

Examinées dans leurs rapports avec un principe quelconque de gouvernement, elles sont
encore entre elles dans un dissentiment complet.
Ce n'est pas seulement au pouvoir ministériel que
chacune d'elles aspire; l'ambition de part et d'autre est de se trouver en mesure de présenter et de
faire adopter des lois qui dérivent du principe
particulier auquel chacune d'elles s'est vouée.

Ainsi nous n'avons pas les élémens d'une
majorité parlementaire telle qu'on l'entendait
autrefois en Angleterre. La majorité chez nous

n'est souvent qu'une aggrégation de minorités
réunies momentanément autour de quelques
hommes, qui, soutenus aujourd'hui par les sympathies de ces minorités, seront renversés demain par leurs antipathies.

Quand de semblables majorités sont le principe du gouvernement, en revanche l'intrigue
est le principe de ces majorités. Toutes les
ambitions déçues se replient sur les oppositions.
Tout y devient question de personne ; les choses
ne servent alors que de prétexte. Il n'y a plus de
combinaison, si étrange qu'elle puisse paraître
au premier abord, qui, par le fait de ces coali-
tions, ne puisse se réaliser d'un instant à l'autre.
Ce ne sont plus les majorités qui se font des ministres, ce sont les ministres qui sont obligés
de se faire des majorités ; de serviteurs ils de-
viennent maîtres. C'est la raison politique re-
tournée.

Tant que durera cet état, la porte restera
constamment ouverte à toutes les éventualités ;
le gouvernement ne sera qu'une suite non in-
terrompue de phases révolutionnaires, une sorte

d'anarchie gouvernementale qui trompe les
moins clairvoyans, parce qu'elle se laisse dis-
cipliner par intervalles. C'est une position
purement transitoire.

Tout le monde a eu la majorité, tout le
monde l'aura. Il n'est pas nécessaire pour cela
d'avoir des idées politiques : il suffit de savoir
plaider avec facilité. Mais, quand il y a majorité
pour tout le monde, il n'y a majorité pour personne. Comment asseoir un gouvernement sur
l'éphémère assemblage de tant de prétentions
opposées? Nous n'avons pas manqué d'hommes
qui ont fait leurs efforts pour y parvenir; mais
leurs tentatives ont été superflues : et toutes ces
grandes capacités sont venues, chacune à son
tour, passer sous le niveau de l'impuissance.

Il y a toujours un terme invariable à cette domination d'une majorité, c'est le renouvellement
de la Chambre; alors l'épuisement des moyens est
complet. Chaque période élective est la réaction
de la session précédente; de sorte que le germe
de la défaite d'une majorité est enfermé dans
son succès. Comment, dans une telle position,

l'idée de l'instabilité ne s'emparerait-elle pas des
esprits? On ne voit pas pourquoi une nouvelle
majorité n'emporterait pas le nouvel ordre de
choses, comme elle a emporté l'ancien. Avec cette
théorie, il n'y a pas d'entreprise qu'on ne puisse
espérer de rendre légitime.

La république vous le répète tous les jours et
sur tous les tons : «Ou vous obéirez toujours à la
majorité, ou un jour viendra où vous lui résis-
terez. Si vous obéissez toujours à la majorité,
je l'aurai, et j'en profiterai pour me proclamer;
si vous y résistez, si vous faites un coup d'état,
vous irez à Prague. »

Il s'agit cependant de ne point aller à Prague, et de ne point laisser la république se
proclamer. Pour cela, il ne faut ni remonter
le torrent ni le redescendre. Il faut fixer la
position; il faut dégager le gouvernement des
impossibilités qui semblent le dominer; il faut
substituer le définitif au provisoire. Mais on
n'y saurait parvenir sans le secours d'une institution qui rende au pouvoir monarchique
une latitude et une indépendance sans lesquelles

il perd tous ses avantages. Je ne doute pas
plus de la capacité des ministres à venir que de
celle des ministres présens : chacun fera sa
course en conscience. Mais ce n'est pas là une
garantie suffisante. Nous sommes placés sur un
plan incliné, au bout duquel il y a un précipice :
et il est impossible de trouver une série d'hommes capables de résister à l'entraînement d'une
semblable position.

La science de l'homme d'état ne s'apprend
pas dans les livres, ne s'acquiert pas par l'habitude. C'est un instinct indéfinissable qui vous
avertit de ce qui est utile comme de ce qui
est dangereux. C'est un don de Dieu, et sa mu-
nificence ne l'a répandu qu'avec parcimonie. La
restauration a eu soixante ministres, et n'en
peut pas compter un seul qui ait bien compris la
position. Notre révolution, où tout ce qui était
doué d'une aptitude politique avait en quelque
sorte reçu mission de la développer, n'a encore
produit que Napoléon, cet homme chez qui
(pour me servir d'expressions employées à la
tribune par M. Molé dans une discussion ré-
cente), cet homme chez qui le bon sens le dis-

putait au génie. Mais depuis sa mort, depuis que ce grand vide s'est fait dans le monde, les hommes tourbillonnent comme les idées, sans trouver de centre auquel ils puissent se rattacher. Dussions-nous trouver encore des Napoléon, une institution qui offrirait incessamment, et sans qu'il fût besoin de lui faire aucun sacrifice, tous les avantages que les grands hommes font quelquefois payer si cher, devrait encore être l'objet de nos préférences.

CHAPITRE VII.

DE LA SOUVERAINETÉ DU PEUPLE.

———

De la souveraineté des majorités parlementaires à la souveraineté du peuple la distance
n'est peut-être pas aussi considérable qu'elle
peut le paraître au premier aperçu. Il y a mieux :
s'il était vrai que les hommes fussent en société
par le fait de leur volonté, ceux qui soutiennent
que le droit de faire les lois qui la régissent
appartient indistinctement à tous les associés, seraient dans une position plus logique que ceux
qui veulent faire de cette faculté le privilége
d'une seule classe.

Mais il n'en est pas ainsi. L'homme ne peut
se passer de la société, et la société ne peut se
passer de gouvernement. En obéissant au gouvernement, l'homme obéit à la loi de la nature.
Celui qui le premier a contesté cette vérité, a
chargé l'esprit des générations de l'erreur la
plus funeste qu'il lui fût possible de contenir, et

compromis, autant qu'il était en lui, la force morale de l'autorité.

Le gouvernement est aussi nécessaire à la marche de la société que l'intelligence suprême à la marche de l'univers. Les conditions qui doivent régir l'ordre social ne sont pas une invention de l'homme. Elles existent par elles-mêmes; elles relèvent d'une volonté supérieure à la nôtre; elles sont *providentielles*. Mais, et c'est là le sceau particulier dont l'homme a été marqué: avant de récolter, il faut qu'il trace son sillon, qu'il l'arrose de ses sueurs et quelquefois de son sang. Avant de découvrir ces conditions, à combien de veilles et de méditations n'est-il pas condamné! Suivons la marche de l'esprit humain dans cette pénible investigation.

Comme il faut des lois qui obligent les gouvernés envers les gouvernans, il en faut aussi qui règlent la manière dont ces lois seront faites, et qui soient entre les uns et les autres une propriété commune. Ce sont ces lois qu'on appelle souveraines, et souverain celui qui les fait.

Le droit de faire les lois souveraines, réclamé dans une forme absolue et comme droit primitif, est dénué de fondement. *Il n'y a pas de droits politiques innés*, a très-bien dit M. Thiers dans une de ses plus brillantes improvisations. Les conditions indispensables à l'existence de la société ne sauraient être la propriété de personne, pas plus d'une classe de la société que de la société tout entière. Cependant il faut qu'elles soient quelque part; car il n'y a pas plus de constitutions innées que de droits politiques innés. Moïse a écrit sous la dictée de Dieu, au bruit de son tonnerre : et ce grand exemple, tout en rappelant aux hommes l'origine de la loi, leur indique en même temps qu'il faut un moyen assuré de la préserver de toute atteinte.

La souveraineté est une puissance flottant sur le corps social, afin de pourvoir à ses grandes nécessités, et qui varie les formes sous lesquelles elle se produit, suivant l'état de la civilisaion.

Le souverain qui a donné la couronne aux Carlovingiens n'est pas le même que celui qui l'avait donnée aux Mérovingiens; celui qui

l'a donnée aux Capétiens est autre que celui
qui l'avait donnée aux Carlovingiens; et enfin
celui qui l'a donnée à la branche cadette des
Bourbons est autre encore que celui qui l'avait
donnée à la branche aînée.

Ici encore il y a deux choses qu'il faut soi-
gneusement distinguer, savoir la souveraineté et
le principe du gouvernement. L'habitude qu'on
a de confondre deux élémens si différens rend
souvent inintelligibles les discussions et même
les ouvrages politiques.

La souveraineté n'est pas un principe, n'est
pas un droit, n'est pas une institution. C'est
le fondement de tous les principes, de tous les
droits, de toutes les institutions. C'est la souveraineté et pas autre chose. Aussitôt qu'elle
a rempli sa mission, elle disparaît. Le nuage qui
l'avait apportée la reprend, et il n'y a plus rien
de commun entre l'œuvre et l'ouvrière. En
effet, pourrait-on concevoir quelque chose de
plus monstrueux qu'une souveraineté toujours
incessante? Une nation a besoin de stabilité, et
elle n'en aura jamais si le pouvoir souverain la
menace sans cesse.

Le principe du gouvernement émane de la souveraineté; il ne la constitue pas. Cette relation de l'effet à sa cause est la seule chose qui soit commune entre eux. Quand la souveraineté a disparu, c'est le principe qu'elle a fondé qui subsiste; et c'est l'action de ce principe qui doit toujours être présente. Quant aux insurrections et aux révolutions, ce ne sont pas plus des principes que les batailles ne sont des traités.

La souveraineté peut même être d'un côté, tandis que le principe du gouvernement sera d'un côté tout opposé. Le roi, considéré comme souverain, peut donner une charte dont le principe soit démocratique; et le peuple à son tour, considéré comme souverain, a toute latitude pour fonder le principe monarchique.

Ici d'ailleurs la dispute est vaine. Quelle que soit la souveraineté, quelle que soit la source du pouvoir, toujours est-il que le gouvernement qui en dérive est nécessairement investi de toutes les forces nécessaires à son action. Les gouvernemens ne sont pas plus maîtres de leur origine que les particuliers; mais si d'ailleurs ils sont bien constitués, la vie des uns n'en reçoit guère

plus d'atteinte que celle des autres. Sans doute,
le droit ancien qu'on a méconnu affaiblit toujours plus ou moins le droit nouveau qu'on veut
fonder; mais à cela il n'y a pas de remède. Le
législateur a beau faire : il y a trop de distance entre l'éternité de ses vœux et la fragi-
lité de ses moyens. Les institutions sont d'origine humaine. Elles ont à lutter tout à la fois
contre les passions de ceux qui les attaquent et
contre les passions de ceux qui les défendent. A
quoi donc peuvent aboutir ces récriminations?
Tout n'en reste pas moins subordonné à la bonne
ou à la mauvaise organisation des pouvoirs publics. Pour le présent, on ne peut contester leur
légalité, parce qu'ils émanent d'une source nouvelle : pour l'avenir, il n'y a de durable que ce
qui est conforme à la vérité et à la justice.

Le souverain ne peut pas tout ce qu'il veut ;
j'ai commencé par le dire. Il y a, pour la formation des gouvernemens, des conditions dont
il n'est pas donné à l'homme d'altérer l'essence.
Les pavés n'y font pas plus que les baïonnettes.
Il ne peut pas faire un gouvernement sans les
conditions gouvernementales, sans un pouvoir

dominant et sans des pouvoirs-limites. J'ai appelé
ces conditions providentielles, parce que nous al-
lons voir dans le chapitre suivant que , quelle que
soit la forme du gouvernement, qu'il soit monarchique, aristocratique ou démocratique, s'il a eu
quelque durée , on y trouve toujours la trace de
ces deux conditions , et que cette constance dans
les faits est le véritable caractère auquel seul il
est permis de reconnaître les vérités éternelles.
Consultons donc ces faits : ce sont des argumens
sans réplique.

CHAPITRE VIII.

FAITS.

Je n'invente rien ; j'observe ; j'écris sous la dictée de l'histoire.

Quelquefois la monarchie est le pouvoir dominant, l'aristocratie le pouvoir-limite, et la démocratie nulle. C'est le régime féodal, le régime russe. C'est aussi la constitution de l'église ; car la théocratie n'est pas un gouvernement à part. Pour se fonder sur un titre mystérieux, elle n'en subit pas moins la loi générale. Sous les apôtres, ce fut une aristocratie ; à Rome, c'est une monarchie ; à Genève, c'est une démocratie.

Quelquefois, mais plus rarement, la monarchie est le pouvoir dominant, la démocratie est le pouvoir-limite, et l'aristocratie nulle. C'est le régime turc.

Enfin la monarchie, pouvoir dominant, peut avoir pour pouvoirs limites l'aristocratie et la mésocratie. C'est là le régime essayé par la Charte de 1814, et que les ministres de la branche aînée n'ont pas su garantir.

Quant à l'aristocratie considérée comme pouvoir dominant, elle peut avoir pour limite la démocratie, la monarchie étant nulle. Ce fut le gouvernement de l'ancienne Rome, avant l'admission des plébéiens au consulat. C'était, avant la création des inquisiteurs d'état, le gouvernement de Venise.

Ou bien, l'aristocratie peut être pouvoir dominant, avec la monarchie pour limite et la démocratie nulle. Pour en trouver des exemples, il faut aller chez les anciens peuples d'Orient, où la principale puissance était entre les mains d'un collége de prêtres contenu par les chefs de l'armée.

Puis l'aristocratie peut être considérée pouvoir dominant avec la monarchie et la démocratie pour limites. Tel a été le gouvernement de la Grande-Bretagne, depuis 1688 jusqu'à la loi de réforme. J'entrerai tout-à-l'heure sur ce sujet dans quelques détails particuliers.

La démocratie subit les mêmes chances. A

Rome, après le triomphe des plébéiens sur le
sénat, elle s'est montrée pouvoir dominant, avec
l'aristocratie pour limite, sans place pour la
monarchie. Une fois peut-être on a vu la démocratie avec la monarchie et l'aristocratie pour
limites : ce fut le gouvernement de Sparte après
la création des éphores. La France en 1791,
l'Espagne et Naples en 1820, l'ont éprouvée
ayant pour limite la monarchie, et ne tenant aucun compte de l'aristocratie.

Maintenant en France, selon quelques-uns, le
tour de la classe moyenne est arrivé. Il y a
chance pour une mésocratie, pouvoir dominant,
avec la monarchie et l'aristocratie pour limites.
Je pense, au contraire, que, dans l'état actuel de
notre civilisation, le pouvoir monarchique,
ayant pour point d'appui une institution en harmonie avec l'égalité sociale, est le seul pouvoir
dont la suprématie soit compatible avec toutes les
opinions comme avec tous les intérêts, avec la
stabilité comme avec le progrès. Toutefois j'exa-
minerai cette alternative avec une égale impartialité. Chaque peuple a sa place au soleil. Si
donc il arrive qu'une nation ait vécu pendant

quatorze siècles sous le même principe, que tous
les efforts pour l'en détourner n'aient jamais
contribué qu'à en faire sentir davantage la nécessité, c'est que cette nation est faite pour ce
principe.

Il n'est pas exact de dire, comme l'a
fait M. Berryer à la séance du 17 janvier, que la
révolution de 1830 a tranché la question ; que
le pouvoir n'est plus dans le principe monarchique, mais dans le principe des majorités
parlementaires. La question que la révolution
de 1830 a tranchée est celle du principe gé-
nérateur de la Charte, la question de souveraineté. Dans le chapitre précédent, je crois avoir
bien précisé la différence qui existe entre ces
deux questions, et nous verrons bientôt comment la seconde est restée tout entière.

CHAPITRE IX.

DU GOUVERNEMENT DE LA GRANDE-BRETAGNE DEPUIS
1688 JUSQU'AU MINISTÈRE DE LORD GREY.

———

Je ne remplirais pas le but que je me suis pro-
posé, si je ne parvenais à établir d'une manière
un peu plus spéciale, que ce n'est pas en violant
cette double loi constitutive de tout gouvernement que l'aristocratie anglaise était parvenue
à ce haut degré de puissance d'où il serait possible qu'elle fut prête à descendre ; si je ne parvenais à établir qu'au lieu de l'équilibre des
pouvoirs que l'école spéculative avait cru y aper-
cevoir, il y avait un pouvoir dominant dont aucun contre-poids ne pouvait balancer l'ascendant.

Commençons par les priviléges. Encore aujourd'hui ils sont plus nombreux en Angleterre
que dans aucune autre partie de l'Europe. Chaque corporation a les siens ; chaque profession
a la sienne ; et afin que, partout où il y a une
source d'influence, si obscure qu'elle puisse être,

elle ne soit jamais détournée au profit d'un
autre pouvoir que du pouvoir dominant,
les plus grands seigneurs font partie des corpo-
rations les plus humbles.

Tout se trouvait réuni dans l'aristocratie anglaise, le haut rang, la fortune, la clientelle,
tous les genres, toutes les sources d'influence.
Elle ne devait pas sa suprématie à des combinaisons et à des théories. Ce sont cinq cents
ans de victoires et d'usurpations sur le pouvoir
monarchique qui l'avaient amenée au point où
elle faisait l'étonnement du monde. Ce sont ses
propres événemens érigés en maximes politiques
qui l'ont retenue si long-temps dans la position
extraordinaire où elle s'était placée.

Comme pouvoir politique, sa Chambre des
pairs existe par elle-même. Personne n'a fait sa
part ; elle se l'est faite toute seule. Les membres
qui la composent ont un même intérêt, une
même position. Ils prétendent avoir une même
origine ; et lorsque le roi proclame un nouveau pair, l'aristocratie, par une orgueil-
leuse fiction, suppose que ce pair avait perdu

ses titres et que le roi les a trouvés. Un pair d'Angleterre, traversant une forêt de la couronne pour
se rendre au parlement, a le droit de donner
du cor et de tuer un cerf : il peut faire acte de
suzerain.

A la vérité, le roi a dans ses attributions la
surveillance de l'administration, la représentation de la majesté nationale et de la puissance
publique, les traités au dehors, la paix, la
guerre, la direction suprême des forces de terre
et de mer. La loi ne peut se passer de sa sanction. Il convoque les chambres ; il les proroge,
il les dissout.

Comment donc se fait-il qu'avec de si hautes
prérogatives, le roi d'Angleterre soit, de l'a-
veu général, hors de la direction des affaires et
de la tendance du gouvernement? C'est que
toutes ces attributions sont purement nomi-
nales ; c'est qu'il n'y a là qu'illusion et non
réalité ; c'est que ce sont ses ministres qui
exercent toutes ces attributions, et que jusqu'ici ses ministres lui ont toujours été im-
posés par une majorité aristocratique. Par son

droit, c'est bien à lui de les nommer pour soutenir sa prérogative : par le fait, c'était une majorité aristocratique qui se faisait des ministres pour les propositions qu'elle désirait qui lui fussent soumises. Mais cet usage, qu'on voudrait aujourd'hui faire considérer comme la conséquence de tout gouvernement représentatif, n'était en effet que la conséquence d'une série de circonstances qui peut-être ne se rencontreront jamais.

Les Anglais ont mis un voile sur la royauté, ils l'on reléguée au fond d'un sanctuaire, d'où ils la sortent à certains jours d'apparat, mais toujours au profit d'un autre pouvoir que le sien; et bien que le monarque continue encore à prêter au gouvernement la majesté de son nom, il y a là plus de résignation que de puissance.

Quant à la Chambre des communes, par l'ensemble des combinaisons qui agissaient en tous sens sur sa composition, elle était dans la dépendance la plus absolue de la Chambre des pairs. La plupart des électeurs sont encore les fermiers des lords. Tout le sol britannique, et jusqu'aux

rues de Londres, leur sont inféodés. C'est ainsi
que se trouvait écartée, au profit de l'aristocratie considérée comme pouvoir dominant, la
plus grande difficulté que l'on trouvera ailleurs
dans une combinaison du même ordre, l'unité
de vues et l'identité d'intérêts entre deux chambres qui représentaient en apparence des
principes différens.

Mais le point culminant de cette position, le
moyen qui, à défaut de tout autre, eût suffi
pour garantir la suprématie aristocratique si on
l'avait laissé subsister, c'étaient *les bourgs pourris*. C'était là, selon les expressions employées
par lord Lyndhurst, lors de la discussion dans
laquelle ils ont succombé : *c'était là le privilége
transcendant qui faisait la base de la constitution
britannique*. Cela ne veut pas dire que cette base
fût très-rationnelle. Mais entre la raison purement philosophique et la raison purement politique, il peut y avoir tel dissentiment qui ne devra pas toujours être résolu à l'avantage de la
première. N'importe d'ailleurs quels étaient les
moyens, le pouvoir royal et le pouvoir des communes circulaient avec la même complaisance

66

autour du pouvoir de la chambre-haute ; et c'est là tout ce qu'il m'était nécessaire d'établir.

Au lieu donc de présenter la constitution de la Grande-Bretagne, telle qu'elle était avant la loi de réforme, comme un modèle de division et d'équilibre des pouvoirs, je puis, au contraire, l'offrir comme la plus forte preuve de l'impossibilité pour tout gouvernement de s'écarter des conditions constitutives de son être. Je puis la présenter comme le témoignage le plus éclatant de la nécessité pour les gouvernemens à plusieurs pouvoirs, comme pour tous les autres gouvernemens, d'avoir un pouvoir dominant et des pouvoirs-limites. Ainsi cette théorie de l'école spéculative qui, chez nous, s'est emparée des plus hautes intelligences, n'est qu'une déception. Ainsi ce système auquel on n'adressait d'autre reproche que celui de son origine, que la difficulté d'appliquer une théorie anglaise à des faits français, n'a jamais été appliquée nulle part, et moins en Angleterre qu'en aucun lieu du monde.

CHAPITRE X.

DU GOUVERNEMENT DE LA GRANDE-BRETAGNE DEPUIS LA LOI DE RÉFORME.

C'est aujourd'hui, mais aujourd'hui seulement, qu'on pourrait dire qu'il y a en Angleterre *équilibre* des pouvoirs, du moins entre celui de la chambre-haute et celui de la chambre des communes; c'est-à-dire qu'il y a pour les wighs comme pour les torys, pour lord John Russell comme pour sir Robert Peel, impossibilité de gouverner, impossibilité de compléter aucune grande mesure, voire la loi de réforme. Ce qu'avait fait le temps, ce premier ministre du roi de tous les rois comme de tous les mondes, les hommes ne l'ont pas compris.

Le principe du gouvernement se trouve maintenant suspendu entre les deux Chambres. Les communes ne circulent plus autour de la pairie, et la pairie ne circule pas encore autour de la

Chambre des communes. Le pouvoir royal n'est plus à la disposition de la Chambre des pairs. Il n'est pas encore à la disposition de la Chambre des communes. Il est indécis entre deux pouvoirs également impuissans.

Écoutons encore sur cette position le grand agitateur. J'aime à citer M. O'Connell, parce que, comme il le dit, en parlant de lui-même avec une éloquente simplicité : « Je ne suis qu'une » paille; mais cette paille indique d'où vient le » vent. » Voici donc comment, lors de sa course apostolique à travers les trois royaumes, il expliquait au meeting de Manchester la situation du gouvernement anglais. « Quand, s'est- « il écrié, quand *Old-Sarum* avait ses repré- » sentans, et que Manchester n'en avait pas; » quand la Chambre des communes n'était autre » chose que les délégués, les intendans, les do- » mestiques des lords, la machine fonctionnait à » merveille, parce qu'il n'y avait qu'une force mo- » trice. Mais si, sur votre chemin de fer, vous » placiez une machine à chaque extrémité de file » de voitures, et que chacun marchât dans un sens » directement opposé, vous auriez d'abord un

» temps d'arrêt, tant que les deux machines
» auraient le même pouvoir ; mais quand cet
» équilibre cessera, il y aura subversion et ex-
» plosion. Voilà quel est à présent l'état de
» notre machine constitutionnelle. »

Ainsi, voilà l'Angleterre jetée dans une nouvelle région où la tradition ne la guide plus.
Désormais hors des précédens, elle peut errer
long-temps sans trouver de repos ; car il ne faut
pas croire qu'il lui soit possible de s'arrêter.
Une fois lancé sur la pente des révolutions, le
char roule malgré tous les effors du conducteur
pour l'arrêter : et il semble qu'elle n'a plus à
choisir qu'entre une réforme radicale de la
Chambre des lords et le rapport de la réforme de
la Chambre des communes.

CHAPITRE XI.

DE LA CHARTE FRANÇAISE.

Maintenant que j'ai non seulement écarté les erreurs qui, par malheur, tiennent encore sous leur empire nos pouvoirs politiques eux-mêmes, mais encore établi les vérités qui doivent les remplacer et nous servir de guide dans l'avenir de notre carrière, je n'ai plus qu'à en faire l'application à l'état de la France, telle que nos révolutions l'ont faite, à nos pouvoirs tels qu'ils sont établis par la Charte de 1814 et par la révision de 1830.

Dans les temps ordinaires, une Charte est l'expression des idées qui dominent au moment où on la rédige. Dans les temps de crise à la suite des collisions entre les partis, une Charte n'est autre chose que l'enregistrement des avantages remportés par les vainqueurs. La nôtre participe doublement de ce dernier caractère.

Par la portion imposée en 1814, au nom de

la souveraineté du roi, le principe monarchique
est le principe dominant , le pivot autour duquel doit tourner tout le système.

Par la portion de 1830 , imposée au nom de
la souveraineté du peuple , les pouvoirs représentatifs sont mis sur le même pied que le pouvoir monarchique.

*C'est une Charte à deux unités ; c'est un corps
à deux têtes.* Elle a deux pouvoirs dominans :
deux machines à vapeur (pour me servir des
expressions énergiques de M. O'Connell) , y
sont placées en face l'une de l'autre.

Par la Charte de 1814 , l'initiative de la loi
était le partage exclusif de la couronne. Par la
révision de 1830 , la proposition de la loi appartient indistinctement aux trois pouvoirs.
Quand les trois pouvoirs ont un droit semblable à être la force motrice de l'état, la
pensée du gouvernement , ils ont alors un droit
égal d'aspirer aux moyens de se faire des ministres pour exécuter cette pensée. Tant qu'il y a
concurrence sur ce point , chaque pouvoir

est dans les limites de son droit en cherchant à attirer de son côté la prépondérance.

L'initiative est le gouvernail de ce vaisseau qui a tant de tempêtes à craindre, tant d'écueils à éviter.

Si les idées que j'ai précédemment exposées sont justes, il y a incompatibilité dans cette équipollence des pouvoirs, et ils seront en état de guerre jusqu'au triomphe complet de l'un ou de l'autre. On ne conçoit pas un corps mécanique avec plusieurs centres de mouvement, ni un corps intelligent avec plusieurs centres d'intelligence opposés entre eux. On ne peut pas tirer en même temps les conséquences de deux principes contraires.

Tant que durera cette indécision (et on peut juger maintenant si j'ai eu raison de dire, il n'y a qu'un instant, que la question n'était pas tranchée), tant, dis-je, que durera cette indécision, on peut assurer que la Charte n'a pas de système déterminé, qu'elle n'est pas complète. Aussi est-il impossible de ne pas remarquer que nos discussions n'amènent aucun résultat. Les ministres changent, mais la position gouvernementale reste toujours indécise. On n'est, en réalité, ni conséquent, ni inconséquent; ni fidèle, ni factieux. Tout dépend du principe auquel on se rallie; et la Charte laisse la liberté du choix.

Quel est donc celui des pouvoirs que l'état de la civilisation et la nature des conditions gouvernementales destinent à la prépondérance? Est-ce le roi? Est-ce la Chambre des députés? Voilà la question de l'avenir; voilà la question qui, bon gré, mal gré, aura une solution, soit par la voie légale, soit par une nouvelle révolution. C'est pour éviter les chances de ce dernier parti que j'ai entrepris de développer les moyens d'une solution légale.

Le principe du gouvernement est le produit d'une force supérieure à toutes celles qui sont en sa présence. C'est le point autour duquel gravitent toutes les situations. C'est l'autorité suprême; et il ne peut pas y avoir deux autorités suprêmes. On ne peut pas dire à deux principes que chacun d'eux triomphera à son tour; qu'il y aura, pendant un certain temps, un ministère de

prérogative royale, et pendant un autre temps
un ministère de prérogatives parlementaires ;
que, pendant les sessions, les Chambres seront
le principe de toute l'action gouvernementale ,
et qu'en leur absence ce sera le roi. Il faut
opter. S'il y a doute sur cette force supérieure,
personne ne sachant à quoi s'en tenir, ni à quoi
s'attacher, il y a nécessairement souffrance morale et quelquefois souffrance matérielle. Quand
l'incertitude est au centre, la sécurité ne saurait
être à la circonférence.

Le débat, comme on voit, est plus sérieux
qu'on ne pense. Il n'est pas entre les doc-
trinaires et le tiers-parti, entre l'intimidation
et la conciliation , entre l'opposition dynastique
et l'opposition puritaine. On confond ici l'esprit du gouvernement, qui varie comme les circonstances, et le système qui doit être immuable.
Tous ces partis sont les fragmens d'un même tout,
Jusqu'ici du moins , ils semblent professer le
même dévouement au principe des majorités. Il
n'y a de différence entre eux que celle qui existe
nécessairement entre les hommes qui sont ministres et ceux qui désirent le devenir. La simi-

litude des principes politiques ne fonde pas toujours les sympathies personnelles. Souvent même
les antipathies sont d'autant plus fortes entre
les hommes, que leurs principes sont plus rap-
prochés. Faites-vous majorité : voilà l'apostro-
phe de tous les ministres à toutes les oppositions. Nous aurons la majorité : voilà la réponse
de toutes les oppositions à tous les ministres.
Quelle que soit la différence des camps, le mot
d'ordre est toujours le même : majorité ! Or, la
majorité future, c'est l'inconnu.

Pour la France, donc, la question n'est pas là.
Pour la France, la question n'est pas de savoir
qui, des ministres ou des oppositions, aura la
majorité ; mais si le principe des majorités réunit
les conditions indispensables pour constituer un
bon système de gouvernement ; mais si c'est le
pouvoir mésocratique ou le pouvoir monarchique
qui représente la sagesse suprême : « Car il faut
» qu'elle soit quelque part, si on ne veut pas
» que l'état soit sans cese exposé à l'inconvé-
» nient des conflits. »

Je prendrai les faits tels qu'ils sont, j'exami-
nerai les diverses aptitudes dans l'ordre de leurs

rapports naturels. Nous ne pouvons construire qu'avec les matériaux que nous avons sous la main. Toute la science consiste à les mettre à leur véritable place. Mais il faut en finir : nous ne pouvons pas laisser plus long-temps indécise une question à laquelle est suspendu le repos de la France.

———

CHAPITRE XII.

DU POUVOIR MÉSOCRATIQUE CONSIDÉRÉ COMME POUVOIR
DOMINANT.

La plupart de ceux qui ont considéré le gouvernement de la Grande-Bretagne, je n'en excepte pas les Anglais, ne se sont arrêtés qu'à
sa surface et n'en ont pu porter qu'un faux ju-
gement. Les signes extérieurs de son mécanisme
frappent tous les regards, et on en a cru l'imitation facile; de grandes calamités ont été et
seront encore les produits de cette erreur.

Tous également nécessaires, quand ils représentent de véritables intérêts, les pouvoirs ne
sont pas tous également aptes à remplir indistinctement l'une ou l'autre des deux conditions
constitutives de tout gouvernement; à être indifféremment pouvoir dominant ou pouvoir-
limite, sans qu'il en résulte la moindre atteinte
à l'harmonie générale. Il y en a un qui, par son
essence, est plus propre à dominer; tandis que,

par leur essence, les autres sont plus propres à
limiter. La mer et le rivage ne sont pas de même
nature.

La classe moyenne est le plus parfait appui
de l'ordre public. C'est, comme le dit M. Gui-
zot, *l'élément vital de la France nouvelle*. Les
députés de la classe moyenne représentent donc
chez nous la portion la plus importante de la
société. Mais cette représentation offre-t-elle,
comme pouvoir dominant, comme principe de
gouvernement, les garanties de stabilité que
réclame notre situation? a-t-elle les deux
principales : l'unité et la fixité? Le pouvoir
dominant doit trouver en lui-même tout à
la fois les conditions de sa vie présente et les
conditions de sa perpétuité. En un mot, la représentation de la classe moyenne peut-elle être,
pour l'avenir de la France, ce que la Chambre
des lords a été pour le passé de l'Angleterre?
c'est là une question que je dois examiner avant
celle que j'ai posée dans le chapitre précédent.
C'est, en terme de palais, une question préjudi-
cielle; car s'il venait à être établi qu'il n'est
pas en la puissance du principe mésocratique

en France de se placer dans les conditions
constitutives de tout gouvernement , dans ces
conditions que le principe aristocratique lui-
même n'a pu conserver en Angleterre , alors
la cause du principe monarchique deviendrait
plus simple et plus facile à défendre.

Il n'est pas de profession , si humble qu'elle
soit , qui n'exige un apprentissage plus ou moins
long ; et il serait difficile de soutenir que la
science du gouvernement fait une exception à
la règle générale. Telle n'était pas l'idée de cette
aristocratie anglaise , à laquelle nous prétendons
aujourd'hui nous substituer. Chaque homme
destiné au pouvoir y recevait l'éducation du
pouvoir. Lord Chatam posait sur une table son
fils , âgé de sept ans , et l'orateur en jaquette
préludait devant sa famille aux triomphes qu'il
devait obtenir devant son pays. C'est à son éducation que l'aristocratie doit cet esprit de suite
qui la caractérise. Une fois le mouvement
imprimé , elle l'a toujours suivi avec constance ; et l'esprit qu'elle a montré dans la
session dernière est le même que celui qu'elle
avait montré dans toutes les sessions précé-
dentes.

Il n'en est pas ainsi dans la classe moyenne.
L'éducation de chacun de ses membres porte
sur les besoins particuliers de la profession
qu'il doit embrasser; et rien de ce qui se passe
dans toutes ces destinations si diverses ne peut
donner une idée de ce que réclament les besoins
de la France, considérée comme grande nation.
Aussi arrive-t-il que, quand on vient à en
détourner quelques-uns de leurs occupations ha-
bituelles pour les livrer aux affaires publiques,
ils y arrivent nécessairement sans expérience.

Ensuite la classe moyenne est trop nombreuse
pour former une caste; elle ne l'est pas assez
pour former un peuple, pour imposer par sa
masse. Ce mot de classe moyenne indique quelque chose au-dessus et quelque chose au-
dessous. C'est un tronçon de pyramide; il y
manque une base et un sommet. Elle n'est point
homogène comme l'aristocratie. Par une de ses
extrémités, elle touche aux classes inférieures, et
par l'autre aux classes supérieures. Aussi voyons-
nous que la Chambre qui la représente se divise,
se fractionne en autant de parcelles qu'il y a de
points d'attraction qui l'entourent. Comment

dégager l'unité, la fixité de ce tohu-bohu d'idées
et d'intérêts qui répugnent à tout amalgame?
Comment former une majorité constante avec
des élémens constans de division? Dans une
semblable réunion, tout l'ascendant, toute l'influence revient de droit à ceux que l'habitude de leur profession a rendus plus aptes
à la guerre de paroles, aux hommes de loi,
et par cela même peut-être aux hommes les
plus étrangers à la pensée politique de la loi.
Sur quelque question qu'un jurisconsulte soit
appelé à délibérer, son art consiste à la faire
jouer avec facilité sur toutes ses faces, à appré-
cier toutes les circonstances de l'*espèce*, à n'o-
mettre aucune des circonstances que la loi doit
prévoir. Il n'oubliera donc rien, si ce n'est, toutefois, le lien particulier qui doit la rattacher au
principe du gouvernement; si ce n'est ce qui la
fait loi. A cela sans doute il y a des excep-
tions, et celles qu'offrent en ce moment les deux
Chambres sont trop éclatantes pour que j'aie besoin de les désigner; mais, règle générale, l'an-
tipode d'un législateur, c'est un légiste.

Le pouvoir mésocratique eût-il d'ailleurs tous

6

les avantages dont il est dépourvu, pour mériter d'être érigé en pouvoir suprème, il lui faudrait encore un long espoir d'avenir. Car un gouvernement sans avenir n'est pas un gouvernement. La base du principe mésocratique est le cens électoral fixé à deux cents francs. Ce cens est à la mésocratie, considérée comme pouvoir dominant, ce que les bourgs pourris étaient à l'aristocratie anglaise, considérée sous le même rapport. Le système électoral de France est donc à la suprématie de la Chambre des députés ce que le système électoral de la Grande-Bretagne était à la suprématie de la Chambre des lords avant la loi de réforme. Changez en France la loi d'élection, et les prétentions de la classe moyenne à la suprématie s'évanouissent.

Pourrait-on affirmer que les électeurs à deux cents francs ne chargeront pas bientôt leurs mandataires de voter l'abaissement du cens; que les Chambres ne céderont pas à ce vœu, si elles y sont provoquées par les électeurs, par les pétitions; ou même n'en prendront pas l'initiative, si les électeurs ou les pétitions ne s'en emparent pas? Deux cent mille électeurs sur

trente-trois millions d'hommes : chacun saisit
facilement le rapport arithmétique. Sous l'action
incessante de la presse, les intelligences éprou-
vent toujours une altération plus ou moins sensible : et sur ce point la presse des oppositions
ne variera pas. N'avons-nous pas déjà vu les colléges du double vote, excités par les journaux,
partager l'opinion des petits colléges ?

Il n'est donné à aucun gouvernement de se
soustraire aux conditions de son époque. Le système électoral suivra invariablement le mouvement rationnel des idées. Ne vaut-il pas
mieux aviser aux moyens d'augmenter le nombre de ceux qui seront admis à porter leur
bulletin dans l'urne que de faire naître en eux
l'idée de la renverser ? L'expérience des systèmes
d'exclusion peut toucher à son terme. Une représentation partielle crée nécessairement des obstacles, en laissant en dehors de la nation politique une autre nation que l'esprit de parti attire
dans sa sphère. Le salut de la nouvelle dynastie
est peut-être attaché à cette incorporation. Nous
verrons tout-à-l'heure à l'aide de quelle combinaison cette grande mesure serait non seulement sans danger, mais même n'offrirait que

des avantages. Pour que la cause monarchique
soit une cause populaire, il faut que le trône soit
appuyé sur tous les Français.

Ce n'est pas précisément pour avoir fait les ordonnances que la dynastie de la branche aînée a
succombé, mais pour avoir méconnu l'esprit du
pays et ne s'être appuyée que sur un parti. Les
causes et les effets s'enchaînent dans l'ordre
politique comme dans l'ordre physique. On peut
bien soutenir aujourd'hui que les ordonnances
furent un moyen devenu indispensable pour résister à la coalition soulevée contre l'exercice de
la prérogative royale ; mais il serait juste de reprendre les choses de plus haut. Ce qu'il faut voir
avant tout, c'est de quel côté le combat a commencé. La nouvelle France, la France, telle que la révolution l'a faite, aurait franchement adopté la
branche aînée , et il n'y aurait pas eu de coalition, si la branche aînée n'avait pas montré pour
la nouvelle France une si invincible répugnance,
si elle avait voulu seulement rester impartiale
entre la France de l'émigration et la France
de la révolution.

CHAPITRE XIII.

CONSÉQUENCES DU POUVOIR MÉSOCRATIQUE, CONSIDÉRÉ COMME POUVOIR DOMINANT.

Ce n'est pas tout. Si la Chambre des députés tient en France la place que tenait en Angleterre la Chambre des pairs, si elle est le pouvoir dominant, la force motrice de l'état, le principe du gouvernement, si elle a toutes les attributions du pouvoir supérieur, il faut qu'à son tour la Chambre des pairs devienne en France ce qu'était en Angleterre la Chambre des communes avant la loi de réforme. Je l'ai déjà dit (et cette maxime, qui doit être le premier guide du législateur dans l'organisation des gouvernemens à plusieurs pouvoirs, est aussi celle qui détruit de fond en comble toute la théorie de l'école spéculative), « le principe du gouvernement ne peut pas » changer de place sans que les diverses posi- » tions politiques ne doivent subir un mouve- » ment analogue, si on veut que la même har- » monie et le même ordre subsistent. »

Quand la Chambre des députés est garante
du principe d'ordre, il faut trouver dans l'autre
Chambre la garantie du principe de résistance,
la sauve-garde des libertés publiques. Une seconde chambre n'est nécessaire qu'autant qu'elle
représente des intérêts autres que ceux de la
première. Il n'y a pas moyen de neutraliser, au
gré de ses fantaisies, les conséquences du système
dans lequel on est engagé. Je n'ai jamais
compris comment les mêmes hommes qui récla-
maient la prépondérance de la Chambre des
députés demandaient en même temps l'hérédité
pour l'autre chambre. Car l'hérédité, c'est l'at-
tribut du pouvoir dominant. Pour la domination,
il faut de la consistance, de la fixité, de la perpétuité; tandis que pour la résistance, pour les
pouvoirs-limites, il faut de l'activité et du mouvement, il faut une succession d'hommes fré-
quemment retrempés dans l'opinion.

Au fond de chaque dogme politique, il faut
toujours qu'il y ait quelque chose de vrai, si l'on
veut que ce dogme subsiste. Ce n'est qu'à ce prix
que les pouvoirs peuvent obtenir la force morale,
qui n'est autre chose que la sanction des intelli-

gences. Quand donc, après tant de calamités, il
faut rétablir l'ordre public, le problème à résoudre ne porte que sur le choix des combinaisons
propres à garantir cette sanction sans laquelle
à l'avenir aucun gouvernement ne peut plus
subsister.

Ce ne serait donc plus à la Chambre des députés, devenue pouvoir dominant, que devrait
être dévolue l'initiative en matière d'impôts ; ce
droit appartiendrait aux représentans de ceux
qui le paient, et non de ceux qui en disposent.
Non que je croie que la seconde chambre devrait
avoir le droit de le refuser. C'est encore là une
des funestes doctrines empruntées au système de
l'étranger, au prétendu système de l'équilibre
des pouvoirs. C'est ce qu'on désigne comme le
contre-poids du droit accordé au roi de dissoudre
les Chambres.

Rien, à mon sens, n'est plus dangereux que ces
maximes extrêmes , *refus d'impôt* , *refus de concours*, sans cesse préconisées comme des axiomes
de droit commun. Il ne faut pas confondre ainsi les
catastrophes sous la même dénomination que les
phénomènes réguliers. Le refus de l'impôt, le

refus de concours, ne sont pas des actes consti-
tutionnels. Si on veut rétablir l'ordre dans les
faits, il faut commencer par le rétablir dans les
idées. Les divers services publics devraient
être dotés de fonds spéciaux, de sorte que les
Chambres représentatives n'auraient qu'à pourvoir aux besoins extraordinaires. C'est M. Laffitte
qui a le premier développé cette proposition,
non quand il était ministre, mais, si j'ai bonne
mémoire, sous le ministère de M. de Polignac.

C'est en politique surtout qu'il n'y a pas de droit
absolu. Refuser l'impôt, ce n'est pas mettre des
limites à l'action gouvernementale, c'est renverser le gouvernement. Un état, quel qu'il soit,
constitutionnel ou non, ne peut pas mettre en
question chaque année tout ce qui fait la force
de la société. On doit améliorer et non détruire.
Une chambre, maîtresse de refuser l'impôt,
tient une révolution dans sa main et sera un
jour tentée de l'ouvrir.

Ce ne serait pas davantage la Chambre des députés qui devrait avoir le droit d'accuser les ministres. Il n'y a de responsabilité possible que si

les ministres peuvent être accusés par un pouvoir
autre que celui dont ils reçoivent la direction.

Ce ne serait plus à la Chambre des pairs, mais
à celle des députés, que les princes du sang royal
devraient avoir droit de siéger. C'est aux mystères
du pouvoir et non aux ruses de l'opposition qu'ils
doivent être initiés.

Tout système demande à être complet et conséquent avec lui-même. On ne peut pas dire aux
principes qu'ils n'existent que dans la mesure
qui nous convient. Si le pouvoir dominant représente la classe moyenne, les pouvoirs-limites
doivent représenter les classes inférieures et les
classes supérieures : et, dans cette hypothèse, la
Chambre des pairs devrait recevoir une nouvelle organisation. Tous ceux qui participent
aux charges de l'état jusqu'à la concurrence
de 200 francs pourraient recevoir le titre
d'électeurs, et ceux qui paient plus de 500 fr.
celui d'éligibles. Ou bien, si on le préfère,
ceux qui paient plus de 500 francs seraient
électeurs, et ceux qui paient moins de 200 francs
seraient éligibles ; de sorte que tous les intérêts
du pays indistinctement, la grande, la moyenne,

la petite propriété se trouveraient représentés, soit dans une chambre, soit dans l'autre.

Il n'y a là rien d'exagéré. Il faut mettre la loi en rapport avec la justice et les exigences de son temps, à moins qu'on ne se sente la force de les détruire. Mais beaucoup de gens, sous le nom de liberté, réclament, sans le savoir, le despotisme. Les uns le demandent pour le roi, les autres pour la Chambre aristocratique, les autres pour la Chambre mésocratique, les autres pour les ministres. On dirait que, pour peu que la liberté soit dans la forme, peu importe si la tyrannie est dans le fond.

En revanche, comme pouvoir dominant, la Chambre des députés devrait recevoir tous les droits analogues à sa haute position, tous les moyens proportionnés au but qu'elle serait chargée d'atteindre. Elle devrait se diviser en comités permanens chargés de la surveillance des divers services. L'œil constamment ouvert sur toutes les déviations que pourraient subir les autorités administratives et judiciaires, elle devrait pouvoir mander à sa barre les préfets, les présidens des cours souveraines, la cour de

cassation. Le principe du gouvernement ne doit
pas être à la merci d'un arrêt.

Encore toutes ces combinaisons finiraient-
elles par être impuissantes. Il faut que le pouvoir suprême soit placé dans les conditions indispensables à sa vie ; et je crois avoir prouvé
que le principe mésocratique en était dépourvu.
En vain, pour essayer de l'affermir, sèmera-
t-on de nouveaux sophismes, on ne recueillera
que de nouvelles révolutions. La logique de
la mésocratie nous mène droit à la république.

La Chambre des députés est en partage du
pouvoir législatif : voilà sa grande mission constitutionnelle : voilà une tâche qui est en harmonie avec sa nature. Elle doit être un obstacle
aux mauvais desseins du gouvernement, s'il
pouvait jamais en concevoir. Mais, si elle tente
d'entrer en concurrence de suprématie avec le
pouvoir royal, elle n'amènera que des désordres.
Il faut qu'elle se pose sur un terrain où il soit impossible de la faire reculer; et, pour cela, il faut
qu'elle ait la conviction qu'elle est apte à remplir la mission qui lui est confiée.

Quant à la royauté, elle n'aurait dans cette

hypothèse aucun des avantages attachés même aux pouvoirs-limites. On conçoit facilement comment une grande assemblée arrête la volonté d'un seul homme ; mais on ne conçoit pas comment un seul homme pourrait arrêter les volontés d'une grande assemblée. C'est un grain de sable opposé à un torrent. Du moins ce que l'aristocratie anglaise ôte au roi en puissance, elle l'en dédommage en respects ; mais de tous les *précédens britanniques,* ce n'est pas celui-là que nous nous sommes le plus empressés d'imiter.

Il faut en convenir : nous sommes entrés dans la monarchie représentative sans la connaître ; et nous en avons cherché les règles non dans nos mœurs, non dans notre charte, mais dans les mœurs et les chartes d'une nation où des institutions du même ordre dérivent d'un principe opposé. Là nous avons vu que le roi n'avait d'autres représentans que des ministres responsables, qu'il était obligé de prendre dans la majorité des chambres : ou, ce qui est plus exact, nous avons vu les chambres désigner les ministres que le roi était seulement chargé de proclamer. L'école spéculative française en a

conclu (et jusqu'ici nous avons suivi ses conclu-
sions) ; l'école spéculative , dis-je , en a conclu
qu'un ministère responsable , désigné par la
majorité des chambres , était aussi notre seul
moyen de gouvernement. Je ne dirais pas
toute ma pensée dans cette question si je me
bornais au simple conseil de séparer la bonne se-
mence de l'ivraie ; car c'est la récolte tout entière qu'il faut sacrifier depuis le premier grain
jusqu'au dernier. Eh! qu'on ne croie pas qu'en
cessant d'avoir les yeux sur l'Angleterre la
France va cesser d'exister , qu'elle ne peut
vivre que d'imitation. Si nous avons fait si
peu de progrès dans les théories politiques , si
après un demi-siècle de discussions et d'expériences nous ne sommes guère plus avancés
qu'aux premiers jours, cela tient à ce qu'on nous
a ravalés au triste rôle d'imitateurs. Il n'y a pas
une seule de nos erreurs qui ne soit empruntée
soit à un autre pays, soit à un autre siècle.

Je ne me bornerai donc pas à placer un fanal
au bord du précipice dans le stérile but d'en
montrer la profondeur. Je placerai le remède à
côté du mal, et j'essaierai de prouver que rien ne
serait plus simple que de créer un système tout

français, un système qui ne conviendrait qu'à nous, un système tel que nos mœurs le réclament, puisé dans nos propres entrailles, qui dériverait de notre charte, et qui satisferait tous les besoins nés de notre révolution.

Qu'importe, après tout, si je m'écarte des sentiers battus ? Nous ne sommes pas condamnés au supplice de Sisyphe ; nous ne sommes pas condamnés à recommencer sans cesse des expériences qui ne réussissent jamais. Ne nous laissons donc intimider ni par le nombre, ni par le talent de ceux qui nous sont opposés. Les idées qui ont fini par envahir le monde ont d'abord eu pour adversaires les docteurs de la loi, les maîtres de la science attaquée. Tentatives superflues ! La plus puissante arme du monde c'est une pensée juste ; et, si celle qui me reste à développer a ce caractère, rien ne saurait empêcher son triomphe.

CHAPITRE XIV.

DU POUVOIR ROYAL CONSIDÉRÉ COMME POUVOIR DOMINANT.

Chaque chose en ce monde a sa nature spéciale, ses avantages et ses inconvéniens. Le législateur ne fait pas cette nature. Tout son art consiste à la bien constater, afin de n'en jamais faire qu'une juste application. Ainsi l'unité et la fixité, ces deux conditions fondamentales de tout pouvoir dominant, ces deux conditions que l'aristocratie anglaise a perdues, et que la mésocratie française cherchera vainement, la monarchie héréditaire les présente toutes faites : et c'est là le point de vue sous lequel tout le monde convient de ses avantages.

Vous avez beau chercher, pour l'ordre social, une base qui soit aussi immuable, vous ne la trouverez pas. La royauté se perpétue comme la famille de la manière la plus simple et la

plus sûre, afin que la chose qui est la plus
nécessaire à la société soit en même temps la
plus facile à obtenir. Cette vieille institution
de l'hérédité royale est encore aujourd'hui la
plus parfaite qu'on puisse imaginer.

Rompez le faisceau contenu par cette unité
héréditaire, aussitôt toutes les volontés particulières débordent, s'entre-choquent et s'entre-
détruisent. Quand il n'y a plus de centre,
chacun cherche à le devenir. Chacun tire à soi
la position pour en tirer parti. Rien ne peut
s'asseoir; rien ne peut s'établir solidement.
Dans l'ordre de l'univers, le moindre dépla-
cement du pôle bouleverserait la nature entière.
Dans l'ordre politique, la royauté est ce pôle
autour duquel tout est en mouvement. Elle
seule doit rester immobile.

Toutefois l'hérédité du trône ne s'entend pas
comme l'hérédité du patrimoine. Le trône n'est
la propriété de personne; c'est plutôt la famille
royale qui est la propriété du pays; c'est
plutôt cette famille qui est condamnée (et
cette expression est maintenant la seule qu'il
soit juste d'employer); c'est plutôt, dis-je,

cette famille qui est condamnée héréditairement
au service de l'état. « Le roi de France, dit
» très-bien le duc de Saint-Simon, ne tient
» rien de celui à qui il succède; il vient à son
» tour à la couronne en vertu du droit poli-
» tique. »

On a reproché à la révolution de juillet
d'avoir détruit le principe de l'hérédité. Ce
n'est pas le principe de l'hérédité que la révolution de juillet a détruit; au contraire : elle l'a
confirmé, du moins autant qu'il était en elle. Ce
qu'elle a détruit, c'est la *légitimité*. Mais la
légitimité n'est pas un principe. C'est peut-être
une chose placée plus haut dans l'esprit des
hommes : c'est une religion. Elle dure comme
la foi et ne s'éteint qu'avec elle. Mais une
monarchie peut très-bien subsister sans cette religion, et non pas sans l'hérédité. Si la légitimité était un principe; de toutes les dynasties
qui règnent aujourd'hui sur le globe, il n'en
est pas une seule qui pourrait l'invoquer en sa
faveur, pas une, par conséquent, qui serait
légitime. Toutes les fois qu'une grande commo-
tion des esprits a imprimé un mouvement à la

7

civilisation, un nouveau droit politique a dû
s'établir. Les dynasties qui n'ont pas voulu
suivre ce mouvement et obéir à ce droit en ont
été renversées. Telle est la force des choses.
Je n'entends pas dire pour cela que la difficulté de fonder la religion nouvelle ne s'aug-
mente pas de la résistance de ceux qui restent
fidèles à l'ancienne : je veux seulement séparer
des questions dont la confusion trouble l'intelligence publique, et montrer que c'est spécialement de l'hérédité que le principe monarchique
tire son aptitude à être pouvoir dominant.

CHAPITRE XV.

NOEUD DE LA DIFFICULTÉ.

Mais si, considéré sous ce premier rapport, le pouvoir royal frappe tout le monde de ses avantages, il en est un second sous lequel il frappe tout le monde de ses inconvéniens; c'est la facilité avec laquelle le roi peut substituer sa volonté particulière à la volonté sociale.

Dans la monarchie représentative, le roi est, en quelque sorte, un *être artificiel*. Il doit avoir tous les avantages de l'être réel et n'en avoir aucun des inconvéniens.

L'inconvénient de l'être réel est d'avoir tantôt des volontés stériles, tantôt des volontés déréglées. Le roi ne doit vouloir que ce qu'il peut. Toutes ses volontés doivent être en harmonie avec l'intérêt social. Il doit suffire aux besoins de la société par sa fécondité intellectuelle, comme l'abeille reine suffit aux besoins de la ruche par sa fécondité matérielle.

La *socialité* * du pouvoir royal n'est pas moins nécessaire que son unité.

Ce n'est pas pour détruire le principe monarchique que nous avons si ardemment désiré les institutions représentatives ; mais seulement pour nous garantir de ses erreurs, en appelant à son aide tous les moyens dont ces institutions disposent. Nous avons donné une nouvelle forme à la monarchie, non seulement pour nous préserver de ses caprices, mais encore pour lui fournir de nouveaux moyens d'action contre des difficultés autrefois inconnues.

Cet exercice toujours efficace et toujours social du pouvoir royal est la grande difficulté de la monarchie représentative.

Ce que le temps avait fait en Angleterre pour le maintien de l'unité aristocratique, il faut que le législateur le fasse en France pour le maintien de la socialité monarchique. Pour tout expédient, jusqu'ici nous n'avons encore

* J'emprunte encore cette expression aux nécessités de mon sujet, parce que je ne connais aucun mot ancien qui puisse la suppléer.

trouvé que la responsabilité des ministres. J'espère prouver que c'est précisément cette responsabilité, telle que l'enseigne l'école spéculative et avec les conséquences qu'elle y attache, qui forme le plus grand obstacle à cette socialité. C'est la question de responsabilité mal définie et mal appliquée qui embrouille tout. Essayons de la mieux définir et d'en faire une plus juste application.

CHAPITRE XVI.

DE LA RESPONSABILITÉ DES MINISTRES.

La loi ordonne ou défend. Elle n'a pas d'autre caractère possible. Si un châtiment n'accompagnait pas l'oubli de ses ordres ou de ses prohibitions, elle serait comme non avenue. Le châtiment est la sanction des lois.

Ainsi la question qui regarde les ministres comme dépositaires de la capacité exécutive du monarque peut être aisément et nettement posée : Avez-vous fait tout ce que la loi prescrit? N'avez-vous rien fait de ce qu'elle défend ?

Mais le roi, en France, n'est pas seulement dépositaire du pouvoir exécutif.

En vertu de l'art. 13 de la Charte, « il est le » chef suprême de l'état ; il commande les » forces de terre et de mer, déclare la guerre, » fait les traités de paix, d'alliance et de com- » merce, nomme à tous les emplois d'adminis-

» tration publique , et fait les réglemens et
» ordonnances nécessaires pour l'exécution des
» lois, sans pouvoir jamais ni suspendre les
» lois elles-mêmes , ni dispenser de leur
» exécution. »

En vertu de l'art. 14 , le roi partage avec la
Chambre des pairs et avec la Chambre des
députés le pouvoir législatif.

En vertu de l'art. 18 , le roi seul sanctionne
et promulgue la loi.

Quand donc, dans un des chapitres précédens, j'ai dit que, par la révision de 1830,
le pouvoir des Chambres et le pouvoir du roi
avaient été mis sur le même pied, j'ai fait une
concession à la pensée qui avait présidé à la révision de la Charte, plutôt que je ne me suis
conformé à son texte. Car les articles que je viens
de citer mettent la suprématie du pouvoir royal
à l'abri de toute rivalité. La section qui les ren-
ferme reste intitulée : *Formes du gouvernement
DU ROI.*

Cependant, hormis la dernière disposition de
l'art. 13, qui enlève au roi la faculté de sus-

pendre les lois et de dispenser de leur exécution,
il n'y en a pas une seule qui soit du ressort des
dépositaires de l'exercice du pouvoir exécutif,
pas une seule qui soit soumise à la responsabilité.

Aucune responsabilité ne peut s'attacher au
conseil, quand il est donné à une personne
intelligente et libre, c'est-à-dire douée des
facultés nécessaires pour l'adopter ou le rejeter.

Qui pourrait soutenir l'opinion contraire,
quand les autres pouvoirs jouissent de la plus
parfaite inviolabilité dans la sphère de leurs
attributions respectives ? Même en descendant
l'échelle politique, depuis le conseil d'état qui
n'est, quant à présent, qu'une haute cour
administrative assez mal organisée, jusqu'au
conseil municipal ; depuis les juges à la cour
de cassation, jusqu'aux juges de paix, aucune
responsabilité ne s'attache et ne doit s'attacher
à des décisions qui ne sont subordonnées qu'à
la conscience et à l'intelligence.

Ainsi, dans la monarchie représentative, telle
que notre Charte l'a constituée, le roi a deux

capacités fort distinctes, une capacité exécutive,
dont l'exercice entraîne la responsabilité, et
une capacité législative et gouvernementale,
dont l'exercice est nécessairement irresponsable.

Ainsi le roi a une condition à remplir pour
l'exercice de sa capacité exécutive ; c'est de trouver des ministres qui répondent devant les Chambres de cet exercice. Mais la loi, de son côté,
avait une obligation à remplir vis-à-vis du roi ;
c'était de lui assurer le libre et efficace exercice
de sa capacité législative et gouvernementale.
Cette obligation, la loi ne l'a pas remplie.

Qu'on ne cherche point ailleurs le secret de
nos embarras. C'est là qu'il existe. C'est là qu'est
une lacune, c'est là qu'est la brèche qu'on doit
s'empresser de réparer : car tant qu'elle existera,
l'assaut est toujours possible.

Le roi n'e t pas, comme on le répète souvent,
le représentant du principe monarchique, il en
est la *personnification*, comme les électeurs à
2 0 francs sont la personnification et non les
représentans du principe mésocratique. Le roi
ne représente pas : il EST. Le roi ne fonctionne pas
ministériellement ; il gouverne et il délègue à des

représentans l'exercice de ses prérogatives. Mais s'il vient à confier aux mêmes personnes, s'il vient à confier à des ministres responsables l'exercice de sa capacité irresponsable, il perd par ce seul fait, sinon la faculté, du moins la facilité de la direction; il attente lui-même à son indépendance.

On objecte que c'est ainsi que cela se passe en Angleterre; car tel est l'éternel refrain de l'école spéculative. Le roi, dans ce pays, n'a d'autres représentans que des ministres responsables, qu'il prend nécessairement dans la majorité des chambres : et cette seconde imitation n'est pas exigée de nous avec moins de rigueur que la première.

Quand les chambres réunissent d'ailleurs les qualités constitutives du pouvoir dominant, comme cela existait autrefois en Angleterre, on entend la marche du gouvernement indépendamment de l'intervention royale. Mais quand elles ne les réunissent pas, le gouvernement devient le plus inextricable des imbroglio. c'est la constitution de l'impuissance. Nous voulons la fin, et nous n'avons pas les moyens.

Vainement donc on va chercher des modèles pour un temps et pour un pays avec lesquels d'autres pays et d'autres temps n'ont aucune analogie.

En Angleterre, la proposition de la loi par les Chambres se présente comme le signal sans lequel le corps politique ne peut se mouvoir. Le roi est la personnification d'un seul principe. On peut donc soutenir qu'il n'a besoin que d'une sorte de représentans.

En Angleterre, le roi est contraint, non par la loi, mais par la force des choses, de prendre ses ministres dans les Chambres. Comme il n'a pas le droit légal d'intervenir dans les délibérations législatives ; sans cet expédient, il se trouverait dans un péril de tous les instans. Mais ses ministres font, en leur qualité de membres de l'une ou l'autre Chambre, ce qui leur serait interdit comme ministres du roi ; de sorte qu'il trouve sa sécurité dans le lien même de sa dépendance.

En France, non seulement le roi, par l'étendue de ses prérogatives, n'est pas réduit à cette extrémité ; mais la disposition de la Charte

qui concerne ses ministres, tout en lui laissant
la faculté de les prendre dans les Chambres,
en fait, en quelque sorte, une dérogation à sa
pensée générale*.

Sans doute il y a des conditions inhérentes à
tout gouvernement qui admet la représentation
des grands intérêts de la société ; et la responsabilité des ministres comme le mode de leur
nomination sont de ce nombre. Mais pour être
en harmonie avec le principe monarchique,
cette responsabilité, comme cette élection, doivent être autres que pour être en harmonie avec
le principe aristocratique. Toute loi faite pour
régler le mode d'exercice d'un pouvoir, et qui
tend à altérer le principe du gouvernement, ou
qui, même sans l'altérer, ne le fortifie pas par
son identité d'esprit et de but, et en se mon-
trant comme un jet sorti du même rameau, expose l'état à tous les genres de danger. La responsabilité de la capacité exécutive du monarque étendue à l'exercice de sa capacité

---

* Art. 46 : « Les ministres *peuvent* être membres de la Chambre
» des pairs et de la Chambre des députés. »

irresponsable, fait plus que l'altérer : elle le détruit. Celui des pouvoirs devant lequel les
ministres sont responsables pour l'exercice de la
direction gouvernementale, est évidemment le
pouvoir dominant, le principe du gouvernement.
Le roi ne conserve plus que le simulacre de ses
prérogatives ; comme à la suite des batailles les
plus funestes, le vaincu garde encore quelquefois le titre des pays que le vainqueur lui a
ravis.

Ce qui nous abuse aujourd'hui sur la faiblesse
du pouvoir monarchique, c'est le caractère particulier du prince avec lequel il est identifié. Ce
qui abuse peut-être le prince lui-même, c'est qu'il
finit constamment par triompher des obstacles
devant lesquels il semblait devoir échouer. Qu'on
ne s'y trompe pas cependant. Les qualités personnelles n'ont que des conséquences personnelles.
Ce n'est pas ainsi qu'on fonde les droits politiques.
On ne les fait pas dépendre de la volonté ou de la
capacité de qui que ce soit ; et à moins que le roi
ne parvienne à assurer par des garanties définiti-
vement constituées et généralement reconnues,
l'exercice de toutes ses prérogatives, son exemple

restera sans influence sur notre avenir comme
sur celui de sa famille.

En vain l'école spéculative atteste que, si la
Chambre venait à abuser de sa position et
voulait imposer au monarque des choix hostiles
aux intérêts de sa dynastie, il a le droit de la
dissoudre; je réplique que le roi pourrait bien
n'être pas plus heureux dans l'exercice de cette
autre faculté que dans celle de nommer ses ministres.

En France, l'esprit d'opposition passe généralement pour le bon esprit, et, ce qui pis est,
pour le bon ton. La Chambre qu'il s'agira de dissoudre sera d'ailleurs la représentation d'un
grand parti dans l'état. Son influence sera nécessairement agrandie de toute l'action et de
toutes les ramifications de ce parti. Elle aura
fait placer ses auxiliaires dans les places les plus
importantes. Enfin elle n'aura négligé aucun
moyen d'augmenter ses partisans : et quand
viendra l'instant de la lutte sur le terrain des
élections, est-il bien certain que ce soit le monarque qui l'emporte?

En Angleterre, du moins avant la loi de réforme, le triomphe d'une majorité parlementaire ramenée par des élections nouvelles, ajoutait à la force du principe aristocratique. Le roi n'était pour rien là-dedans. C'était une lutte d'aristocratie à aristocratie. Il ne faisait que consulter les électeurs, comme au jeu, dans un coup équivoque, on consulte la galerie.

Dans la monarchie, c'est le principe monarchique lui-même qui est vaincu ; c'est une révolution qui s'apprête.

CHAPITRE XVII.

DE LA NÉCESSITÉ D'UNE INSTITUTION SPÉCIALEMENT
GARANTE DE LA CAPACITÉ LÉGISLATIVE ET GOU-
VERNEMENTALE DU POUVOIR ROYAL.

Les principes n'agissent pas d'eux-mêmes et par une force qui leur soit inhérente.

Ayez un principe de vie, il lui faut des organes auxquels il soit uni. Ayez un principe d'action, il ne peut agir qu'avec un appareil.

Dans l'ordre politique, ce sont les institutions qui remplacent ces organes de la vie, ces rouages de la mécanique.

La Chambre des députés et la Chambre des pairs sont les deux institutions à l'aide desquelles se meuvent le principe mésocratique et le principe aristocratique. Les ministres responsables sont l'institution à l'aide de laquelle se meut la capacité exécutive du monarque. Mais la capacité législative et gouvernementale est privée de l'institution propre à la faire mouvoir.

C'est un levier sans point d'appui. Nous avons une monarchie représentative, dans laquelle la plus importante attribution du monarque n'est pas représentée. Comment voulez-vous qu'on s'attache à un pouvoir si faiblement garanti?

Comme dépositaires responsables de la capacité exécutive du monarque, les ministres peuvent avoir pour accusateurs et pour juges ces mêmes Chambres qu'ils sont ensuite chargés de diriger, comme dépositaires de sa capacité législative et gouvernementale. Ce contraste révolte la raison.

Quelle différence entre cette dépendance, entre cette situation sans stabilité et le texte de la Charte qui place la royauté au sommet de l'édifice social, dirigeant le cours de nos destinées, imposant silence aux tempêtes populaires et élevant une invincible barrière entre le trône et tous les genres d'usurpation! L'essence de la responsabilité et l'essence gouvernementale sont incompatibles.

Je sais bien que l'école spéculative ne se dissimule pas les dangers de la position. Mais dans

8

la sincérité de sa foi britannique , au lieu d'en
voir la cause où elle est réellement; au lieu de la
voir dans la funeste manie de vouloir imiter des
choses inimitables , elle l'aperçoit au contraire
dans le défaut de fidélité à cette imitation. Nous
avons bien un roi , une Chambre des députés
et une Chambre des pairs ; mais en Angleterre
la Chambre des pairs est héréditaire et la nôtre
ne l'est pas. Pour compléter notre système , il
faudrait donc compléter la ressemblance.

Je l'ai déjà dit : l'hérédité de la pairie n'a servi
en Angleterre qu'à la destruction de la suprématie
monarchique ; elle fut la cause permanente de
la victoire des vassaux sur leur suzerain. L'hérédité est le caractère du pouvoir dominant : et quand
la pairie anglaise aura perdu cette domination ,
son hérédité ne lui survivra pas long-temps.
En France il n'y a d'héréditaire que la royauté,
parce qu'il n'y a que la royauté pour laquelle l'é-
lection serait un danger ; parce qu'il n'y a que la
royauté qui puisse être pouvoir dominant. L'hérédité de la pairie serait un nouvel élément de
révolution ajouté à ceux qui existent déjà. Rien
n'est plus facile que de la voter ; rien n'est plus
difficile que de la faire subsister. Rien n'est plus

impossible que de lui donner aujourd'hui les
avantages qu'elle avait autrefois. L'Angleterre a
dit son dernier mot. L'idée d'une constitution
normale dont elle serait le type éternel est la
grande aberration de notre époque. Il ne s'agit
donc plus d'imiter; il faut créer.

A la tête de chaque partie du service public,
il y a un ministre qui préside à ses mouvemens
journaliers, et qui l'administre sous sa responsabilité. Quand la loi aura fixé invariablement les attributions ministérielles et déterminé le nombre
des ministres, nous aurons fait un progrès dans
la carrière de l'ordre. Mais indépendamment de
cette série de mouvemens particuliers, une nation
a son mouvement général, ses affaires d'état,
sa vie intérieure et sa vie extérieure, ses doctrines et ses pensées. Il lui faut donc un sanctuaire où seront déposées toutes ces choses sa-
crées. Il y a sur une foule de points de petites
forces centrifuges. Il faut autour du trône un
grand centre de gravitation, si on ne veut pas
que les forces particulières l'emportent sur la
force sociale. Ainsi on voit comment, tout en
laissant aux ministres responsables la part de

leur position et de leur talent, une grande
institution doit être fondée pour être la représentation spéciale de la royauté dans les plus
importantes de ses attributions.

Ce ne serait pas une institution subor-
donnée comme le conseil d'état; mais une institution aussi indépendante que le monarque lui-
même; une institution qui manifesterait sa vie par
une action continue, qui pourrait à tout instant
rendre compte d'elle-même, dont dépendraient
les ministres responsables, bien plus qu'elle ne
dépendrait d'eux. Nous avons besoin de monnaie
royale et non de monnaie ministérielle.

Sous le rapport du nombre seulement, combien est grande aujourd'hui l'infériorité de
l'influence monarchique! Tandis que quatre
cent cinquante députés et environ trois cents
pairs parlent au nom des intérêts aristocratiques
et mésocratiques, peut-il suffire de six à sept
ministres pour parler au nom du pouvoir royal?
En Angleterre, bien que la royauté ne soit
qu'un pouvoir-limite, le conseil de la couronne
est composé de douze à quinze membres.

Cependant il n'est pas nécessaire que la

nouvelle institution soit aussi nombreuse que
celles qui représentent les autres pouvoirs.
Cent membres au moins, cent cinquante au
plus, suffiraient aux besoins de son service.
Seulement ce nombre ne devra pas être irrévo-
cablement fixé. De grands talens peuvent
s'élever; il faut que l'institution monarchique
puisse toujours se les approprier.

Je n'entends pas non plus qu'il faille faire
envelopper les Chambres par l'institution monarchique, comme le pouvoir monarchique est
maintenant enveloppé par le pouvoir mésocratique. L'institution monarchique, au contraire,
doit être le point d'engrenage, non seulement
entre les trois pouvoirs, qui devront également
participer à son organisation, mais encore
entre le pouvoir et le pays tout entier.

L'égalité, c'est-à-dire la faculté d'arriver à
toutes les fonctions, sans autre condition que celle
de l'aptitude à les remplir, est un fait passé dans
nos mœurs. Il faut maintenant qu'il passe dans
nos institutions, et dans la plus importante de
toutes. Il ne suffit plus, aujourd'hui, que les
lois ne mettent pas d'obstacle à l'avancement

des supériorités naturelles ; il faut qu'elles leur
fournissent un moyen assuré de parvenir. Il
faut enfin consacrer le double triomphe de 89
et de 1830. Ces révolutions n'ont pas été faites
en haine des priviléges d'une seule classe, mais
des priviléges de toutes les classes. La nouvelle
institution devra être cette éclatante consé-
cration.

La condition du pouvoir monarchique, dans
l'intérêt de son avenir, est de se présenter
sous une forme qui ne soit, ni celle de l'ancien
régime, ni celle de la Grande-Bretagne. La
nouvelle institution devra sortir du cœur de la
civilisation présente, du sein de nos pouvoirs
tels qu'ils sont en réalité et non tels que l'école
spéculative les suppose.

Les autres gouvernemens, et je parle de ceux
qui sont à institutions représentatives comme de
ceux qu'on appelle absolus ; les autres gouvernemens, dis-je, ne sont que des centres de
monopole plus ou moins bien combinés. Il
n'appartient qu'à la monarchie de satisfaire
les légitimes intérêts de toutes les classes, indistinctement. Ce qu'il y a de possible, même dans

les théories républicaines, pourra se réaliser à l'abri de la nouvelle institution.

Mais, en même temps qu'elle devra être l'application du principe d'égalité dans son acception la plus étendue, il faut aussi que le mode d'y être admis soit tel, que toutes les pobabilités d'un bon choix lui soient acquises à l'avance. En fait d'élections, les lumières des électeurs sont la meilleure garantie qu'il soit possible d'obtenir.

Comment résoudre toutes ces difficultés ? Je vais répondre catégoriquement : et on pourra juger, par la forme de ma réponse, que je ne me réserve la ressource d'aucune équivoque.

CHAPITRE XVIII.

DES MINISTRES D'ÉTAT.

« 1° Indépendamment de leurs fonctions législatives, la Chambre des députés et la Chambre des pairs, transformées en deux grands corps électoraux, formeront une liste de candidats parmi lesquels le roi choisira les ministres d'état.

2° Tout français âgé de 25 ans, qui aura réuni la majorité des suffrages de l'une ou l'autre Chambre, pourra être nommé ministre d'état.

3° Les membres des deux Chambres ne pourront être portés comme candidats à la nomination du roi, que par celle des Chambres dont ils ne font pas partie.

4° Les Chambres présentent trois candidats pour chaque place à nommer.

5° Les ministres d'état sont les représentans du monarque pour toutes celles de ses attributions qui n'entraînent pas la responsabilité.

6° Les ministres d'état sont inamovibles.

7° Ceux d'entre les ministres d'état qui, avant leur admission, auraient été revêtus d'autres fonctions, ne pourraient les cumuler avec les nouvelles. »

Maintenant ma tâche approche de son terme. J'ai dit les raisons qui devraient déterminer l'établissement de l'institution dont je donne ici l'esquisse. Il ne me reste plus qu'à faire entrevoir quelles en seraient les conséquences pour nos destinées, parlant pour les destinées européennes. La France est au centre de l'Europe, comme le soleil est au centre du monde. Elle darde ses rayons sur tous les points de sa circonférence.

CHAPITRE XIX.

POUR LA SOCIALITÉ DU POUVOIR ROYAL.

La royauté ne sera plus un seul homme, mais une grande institution composée de manière à protéger avec une égale efficacité les libertés du roi et les libertés du peuple.

Le pouvoir monarchique sera réellement le pouvoir dominant, parce qu'étant représenté par les plus hautes capacités du pays, sa force dépassera celle des autres pouvoirs.

Un peuple est un grand corps moral. Ce n'est donc que par une force morale qu'il est possible de le conduire. Le vice secret qui a détruit en si peu de temps toutes ces constitutions improvisées au sein de nos discordes, c'est qu'elles manquaient de force morale. Y a-t-il un meilleur moyen d'en entourer le principe monarchique que de lui donner pour cortége les hommes les plus recommandables

du pays, que de le placer au centre de toutes
les lumières ?

Par la raison que dans l'aristocratie les ministres responsables sont toujours pris dans le
corps aristocratique ; dans la monarchie ils devront toujours être pris dans le corps monarchique. Un gouvernement ne doit jamais sortir
de son principe : il ne peut trouver de sécurité
que dans son centre.

Telle est la conséquence qui dérive nécessairement de tout ce que j'ai dit jusqu'ici. Tel est
le but que je voudrais atteindre : *changer les
portefeuilles de place.* Qu'à l'avenir ils ne soient
pas plus à la disposition des coteries parlementaires que des *camarilla* de palais, et nous
aurons résolu la plus grande difficulté des temps
modernes. Aussi quelle que soit la question
que je traite, mes idées convergent constamment
sur ce point.

Si le roi prend ses ministres dans la majorité
de la chambre des députés, cette majorité ne
peut les lui fournir que dans son intérêt. S'il
les demande à la majorité de la Chambre des
pairs, elle ne peut à son tour les lui donner que

dans l'intérêt de la majorité de la pairie. S'il
les prend où bon lui semble, la volonté personnelle du roi n'a plus de limite; et tout système qui n'a pas de limite trouve promptement
l'abîme dans lequel il doit s'engloutir. Il n'y a
pas de force aujourd'hui qui puisse rendre importante une puissance politique isolée des intérêts généraux et qui ne fonctionnerait que
pour elle. Il faut donc tout à la fois assurer
l'indépendance des volontés royales et garantir
le pays et la royauté elle-même contre les dangers des volontés personnelles du roi. L'institution des ministres d'état offre ce double
avantage : elle garantit tout à la fois la socialité
et l'efficacité du pouvoir monarchique.

Quand le roi changerait les dépositaires de sa
capacité exécutive, ou quand ils donneraient leur
démission, ils iraient reprendre leur place dans
l'institution à laquelle ils n'auraient pas cessé
d'appartenir ; au lieu d'aller grossir les rangs
de l'opposition et ajouter aux difficultés du gouvernement.

On ne les verrait plus déposer leurs portefeuilles au pied de la tribune et déclarer que, pour

les reprendre, ils attendront l'ordre de la chambre.

Personne ne peut avoir la prétention de déraciner les ambitions parlementaires ; mais, en les contraignant à passer par la filière de l'institution monarchique, on annule tous leurs dangers.

Rien ne peut empêcher les princes de différer entre eux de capacité, d'avoir tantôt des facultés supérieures, tantôt des facultés secondaires. Avec cette institution, les premiers n'en jouiront pas moins d'une grande influence ; mais les autres se trouveront dans l'impuissance de compromettre les intérêts du pays. Ils auront encore les avantages des êtres réels : ils n'en auront plus les inconvéniens.

CHAPITRE XX.

POUR LE PERFECTIONNEMENT LÉGISLATIF.

———

Tout le monde convient aujourd'hui des inconvéniens attachés à notre mécanisme législatif. Nos lois sont mal préparées. Souvent la discussion change les dispositions principales et
y substitue des dispositions opposées : puis
le scrutin vient consacrer cet étrange amalgame. Il y a pour cela deux raisons : la
première, c'est qu'aucun corps n'a aujourd'hui
l'indépendance nécessaire pour cet important
travail; la seconde, c'est que le travail de ré-
daction ne peut pas être plus mal placé que
dans une assemblée. La loi est l'ouvrage d'un
homme, de Sully ou de Colbert. La discussion
ne doit être que le creuset qui l'éprouve
et non qui la change. Préparée par celui des
ministres d'état qui aurait la plus ample
connaissance de la matière, la tâche des autres
serait de la soutenir devant les chambres, d'en
rappeler sans cesse le but principal et de veiller

à ce que la discussion s'en écarte le moins possible. Il importe que la loi soit bonne et non
qu'elle passe. Sans doute la dignité du trône est
que les propositions faites en son nom soient
accueillies ; mais c'est toujours avec cette condition absolue qu'aucun succès ne s'obtienne en
sacrifiant l'esprit et la tendance monarchique.
Les ministres d'état auront toujours fait assez,
lorsque le principe du gouvernement sera resté
sans altération.

Le pouvoir monarchique étant devenu
incontestablement le pouvoir dominant , les
Chambres à leur tour deviendraient de
véritables pouvoirs-limites. Après avoir reçu
toutes les garanties d'influences compatibles
avec la suprématie monarchique , puisque
nul ne pourra devenir ministre d'état, partant
ministre à portefeuille, sans avoir préa-
lablement été investi de leur confiance , elles
pourront se livrer avec la plus parfaite indépendance à l'examen des lois qui leur seront
présentées.

N'ayant plus d'intérêt à renverser les ministres, puisque, dans les règles représentatives

adaptées au principe monarchique , ils ne seraient pas pris dans les Chambres, les majorités
s'y formeraient sous l'empire des combinaisons
spontanées , selon que les propositions de la
couronne leur paraîtraient bonnes ou mau-
vaises. Les oppositions systématiques périraient
faute d'aliment. Les lois étaient votées dans un
intérêt ministériel : elles le seraient dans l'intérêt du pays.

Chaque renouvellement de la Chambre ne
serait plus une crise ; et on verrait enfin dispa-
raître ces ouragans qui , de distance en distance , bouleversent notre sol et renversent tout
ce qui se trouve sur leur passage.

La responsabilité ne serait plus un vain mot,
parce que les majorités systématiques ayant
cessé d'exister , tous les griefs seraient assurés
de trouver des vengeurs. Ainsi examinée dans
ses rapports avec les pouvoirs-limites, la nouvelle institution aurait encore un grand avantage et amènerait de grands perfectionnemens.

Les prérogatives de la couronne recevraient
leur sanction de l'impossibilité où seraient les
chambres d'y porter atteinte. Mais , si en reje-

tant une loi, elles rejettent en même temps les ministres qui la présentent, ce n'est plus le roi qui gouverne; et cependant ce ne sont pas les chambres: j'en ai démontré l'impossibilité. C'est un système bâtard qui n'a de nom dans aucune langue. C'est une position transitoire dont, si elle venait à se prolonger, il serait impossible de calculer l'issue.

CHAPITRE XXI.

POUR LA CONCILIATION DES PARTIS.

Ce serait une grande faute aux deux Chambres de refuser leurs voix pour l'élection des ministres d'état aux membres de nos diverses oppositions, et de continuer à les refouler sans cesse sur eux-mêmes. Pour que les hommes supérieurs de tous les partis s'entendent, il ne faut que les séparer des médiocrités qui les environnent. On obtiendra le sacrifice des idées particulières en offrant un refuge dans une idée nouvelle. On peut fondre les partis dans un sentiment général, si on commence par réunir les chefs sous un même symbole. Mais ils resteront en dehors de la position actuelle, et ils continueront tous leurs efforts pour la renverser, tant qu'ils ne trouveront pas un moyen honorable d'y entrer.

L'institution des ministres d'état devrait donc

être un faisceau de toutes nos supériorités, à quelque parti qu'elles aient appartenu jusqu'ici. Ce n'est pas l'esprit qui nous manque : nous en sommes saturés. Mais, une triste expérience l'atteste, l'esprit s'ajuste à toutes les positions, trouve des argumens pour toutes les faiblesses, des sophismes contre tous les périls. Alors même qu'il raisonne pour la liberté, l'esprit n'est souvent encore qu'un instrument de servitude. Ce sont d'honorables caractères qui nous sont indispensables. Les ministres d'état devraient donc être pris indistinctement parmi tous les hommes qui, remplis d'un même amour pour la France, n'ont pas pu s'accorder jusqu'ici sur les moyens de la servir; parmi les hommes qui, avec des opinions contraires sur une foule de points, sont cependant d'accord sur le maintien de notre grandeur et de notre gloire.

Le secret d'un gouvernement ne consiste pas à frapper les partis les uns après les autres, mais à se les concilier tous. Le triomphe d'un parti ne sera jamais la fin de tous les partis. Telle fut la pensée de Napoléon après le 18 brumaire ; et, si sa domination eut d'abord tant de

succès, si la France vint se ranger avec tant de
précipitation sous l'abri de son épée, c'est que
l'intelligence publique sanctionnait cette abné-
gation de haines et de sentimens passionnés.

En dehors du cercle qu'on peut appeler le
cercle politique il y en a un autre qu'il faut
aussi songer à se concilier, c'est le cercle populaire. Dans l'état actuel des choses, si l'on
venait à les confondre, ou même si, sans les
confondre, on venait à abaisser sensiblement
le cens électoral, on amenerait une révolution
favorable au principe purement démocratique.
Mais, quand on aura changé les portefeuilles de
place; quand, entre la direction des affaires et
tous les avantages de l'administration, il y aura
un obstacle bien autre que le renversement de
six à sept ministres par la majorité des boules;
quand il y aura une grande institution qui
tirera sa force de la force même des pouvoirs
de l'état et de celle de la population tout entière;
quand vous aurez concentré autour du trône la
pensée et l'action gouvernementales; quand la pé-
pinière ministérielle sera assez abondamment
pourvue et assez diversement assortie pour satis-

faire à tout les besoins de la prérogative ; en un
mot, quand on aura fait pour la garantie de
l'efficacité du principe monarchique ce que la
fortune de l'Angleterre avait fait pour la garantie
de son principe aristocratique : plus alors vous
étendrez le cercle politique, plus vous aurez de
chances de repos et de prospérité. La force qu'on
aura mise au sommet de la pyramide laissera la
faculté d'en élargir la base. Quand la place des
grandes capacités est préparée, il ne peut y
avoir que du profit à les mettre en lumière.

Notons bien que cette fusion des partis comme
cet agrandissement du cercle politique ne peuvent que favoriser l'affermissement de la dynastie
nouvelle. Contre les tendances républicaines, vous
aurez les hommes dévoués au principe monarchique, quelle qu'ait été la nuance à laquelle ils
appartenaient. Contre les partisans de la branche
aînée, vous aurez les partisans de la république
et ceux de la branche cadette. Contre l'arbitraire,
vous aurez tous les amis de la liberté. De sorte
que, quel que soit le sujet soumis à la délibé-
ration, le résultat ne peut qu'être favorable au
maintien de ce qui existe.

CHAPITRE XXII.

DES FONCTIONS PERSONNELLES DU MONARQUE DANS
LA MONARCHIE REPRÉSENTATIVE.

Dans l'aristocratie représentative, c'est le corps représentatif des intérêts aristocratiques qui a l'option entre les divers systèmes de politiques intérieure et extérieure qui peuvent diviser les esprits. Son choix une fois fait, il l'impose à la couronne, à l'aide de ministres pris dans le sein de sa majorité. *Le roi règne et ne gouverne pas.*

Dans la monarchie représentative, chaque pouvoir a sa part dans l'ensemble des opérations indispensables à la marche du gouvernement. La part du roi, celle qui lui est tout-à-fait personnelle, celle dans laquelle il ne peut être remplacé par qui que ce soit, c'est la nomination de ses représentans, la nomination des ministres responsables et des ministres irresponsables. L'action du roi qui se manifeste

par l'exercice de cette prérogative est distincte
de toutes les autres actions gouvernementales. Le
contre-seing d'un ministre, dans cette circonstance toute particulière, ne sert qu'à constater l'authenticité de celle du roi. C'est par là
que la monarchie représentative diffère et de
l'aristocratie et de tous les autres gouvernemens
à institutions du même ordre. C'est le pouvoir
monarchique qui impose son système. *Le roi
règne et gouverne.*

Sans doute, dans cette circonstance comme
dans toutes les autres, la prérogative royale doit
s'exercer dans les limites posées par l'intérêt
général. La loi trace un cercle dont le monarque ne doit pas sortir, mais non pas un
étau dans lequel il lui est impossible de se
mouvoir.

En prenant la couronne, le roi jure à Dieu
en présence des Chambres de ne GOUVERNER *que
par les lois et selon les lois.* Comment veut-on
qu'il gouverne si ce n'est pas lui qui nomme ses
ministres, s'il n'a pas le droit d'avoir un avis
sur les questions qui intéressent son gouverne-

ment, si même les conseils doivent se tenir hors
de sa présence? car tous ces avis ont trouvé des
partisans. Si le sens commun se refuse à reconnaître la nécessité des institutions représentatives
sans leur influence sur la marche du gouvernement, il se refuse de même à reconnaître la
nécessité du monarque sans son influence sur le
mouvement de la monarchie. La royauté en
France n'est pas une puissance effacée, un pouvoir neutre, un spectateur indifférent des luttes
parlementaires. C'est le premier des intérêts
publics.

On répète sans cesse que cette intervention
du monarque détruit la responsabilité des
ministres, qu'il n'est pas juste de les rendre
responsables d'une volonté qui n'est pas la leur.
Mais les ministres n'ont-ils pas la faculté de se
retirer quand le roi veut faire prévaloir une
volonté qu'ils croient pouvoir compromettre
leur responsabilité? Que, si on a tant de scru-
pules au service des ministres, il est étrange
qu'on en ait si peu au service du roi. Prétendre
qu'un ministre doit exécuter tout ce que veut
le roi, au hasard de sa responsabilité, c'est

une absurdité ; mais vouloir que le roi consente
à tout ce qui plaît à ses ministres, au hasard de
l'intérêt du pays et de la sûreté de son trône,
c'en est une autre. N'y a-t-il donc pas autant
de ministres qui ont mis en péril la couronne
des rois que de rois qui ont exposé la responsabilité de leurs ministres ?

Ce n'est pas pour que le roi ne puisse *rien
faire* que nous avons adopté cette maxime *le roi
ne peut mal faire*, mais parce que, par la nature
de nos institutions, la loi a pris toutes les pré-
cautions pour que celles de ses volontés qui
seraient contraires à l'intérêt général ne pus-
sent jamais arriver jusqu'à la société. Ce n'est pas
parce que le roi ne peut rien faire que la loi interdit
de faire remonter jusqu'à lui les actes de son gouvernement, mais parce que la responsabilité des
ministres jointe à l'intervention du roi en ôte
tous les inconvéniens pour ne lui laisser que
ses avantages, et que les conditions morales de
l'inviolabilité doivent rester sans atteinte.

Tel est le véritable esprit de la monarchie
représentative. Mais, si l'on parvient à convain-

cre la France que la prépondérance de direction qui se manifeste par le choix des ministres n'appartient pas au roi, que le roi doit cesser d'intervenir dans les délibérations de son gouvernement, en un mot qu'il doit cesser de gouverner, on abrége beaucoup le travail de ceux qui enseignent qu'il doit cesser de régner.

CONCLUSION.

Un gouvernement à plusieurs pouvoirs ne peut périr que de deux manières, ou par le mal que le pouvoir dominant se fait à lui-même, s'il n'est pas suffisamment contenu par les pouvoirs-limites; ou par le mal que lui font les pouvoirs-limites, si, au lieu de le contenir, ils le dominent. L'institution des ministres d'état, en empêchant également ce double inconvénient, me semble résoudre le problème pour ce qui concerne la monarchie représentative. Le pouvoir royal aura tous les moyens nécessaires pour garantir l'ordre général. Le pouvoir parlementaire aura tous les moyens nécessaires pour garantir les libertés publiques. A l'aide de ce nouveau rouage, la machine à gouverner fonctionnera facilement, librement, et nous ne craindrons plus d'en voir, à chaque instant, briser le principal ressort.

Mais sans cette institution, ou toute autre du

même ordre et visant au même but, les moyens que
le pouvoir monarchique a de résister ne sont
pas en proportion avec ceux que l'on a de l'attaquer, et, tôt ou tard, il faudra qu'il suc-
succombe. L'heure de la défaite peut être recu-
lée ; mais il me paraît impossible de l'éviter. Après
un triomphe éphémère sur des oppositions qu'on
croira ne venir que des hommes, on succom-
bera infailliblement devant celles qui se trouvent
dans les choses quand on ne sait pas les faire
mouvoir dans leur véritable sens.

La direction de l'ordre social exige de nouvelles
combinaisons, parce que les élémens de la civilisation sont nouveaux. Pour qu'un peuple soit
grand parmi les autres peuples, il faut qu'il ait
son caractère à lui, sa pensée distincte, son
gouvernement spécial. Les nations vivent de
spécialité; elles meurent d'imitation.

« Un grand destin s'achève : un grand destin commence*. »

L'homme du temps présent ne ressemble plus
à l'homme des temps passés. Aujourd'hui il
examine tout; il discute tout; il conteste tout.

* Corneille, tragédie d'Attila.

Aucun obstacle ne l'arrête; il triomphe de la durée; il triomphe de l'espace; la vapeur lui a donné
des ailes. La nature entière sent fléchir ses lois
sous l'audace de ses entreprises. Au milieu d'une
société ainsi faite, la royauté ne saurait atteindre
le but pour lequel elle est instituée, ne saurait conserver sa suprématie sans un grand accroissement
dans la proportion de ses moyens. Ce n'est pas dans
l'intérêt de la personne royale que cet accroissement est nécessaire, mais dans l'intérêt de
cette société pour laquelle elle existe. Une
institution en parfaite harmonie avec le principe
monarchique peut encore réparer tout le mal
causé par celles qui y seraient contraires.

Si donc vous désirez sincèrement le maintien
de ce principe, ne vous endormez pas dans une
fausse sécurité. La politique n'est pas seulement
l'intelligence du mal, c'est surtout la connaissance du remède. C'est donc un remède qu'il faut
employer. Soyez aussi de votre temps; ne croyez
pas aux impossibilités. L'histoire des nations n'est
pas écrite dans des décrets rédigés d'avance. Les
circonstances ne sont fortes que quand les
hommes sont faibles. Le fatalisme politique est

un outrage à la dignité comme à la puissance de l'homme. Enlevez, non pas pour un jour, non pas pour une session, mais pour toujours, l'espoir à vos adversaires. Ne laissez pas, une seconde fois, arriver le moment où tout gouvernement deviendrait impossible. La place est encore vacante; mais, si vous ne vous empressez pas de la prendre, elle sera bientôt envahie. En révolution comme à la guerre, la rapidité de la décision décide souvent du gain de la bataille.

1er mars 1837.

FIN.

TABLE DES MATIÈRES.

		Pages
DE CE TRAVAIL...		5
CHAPITRE Iᵉʳ.	— Idée générale.......................	13
CHAPITRE II.	— Du gouvernement représentatif......	18
CHAPITRE III.	— De la classification des gouvernemens à institutions représentatives..........	22
CHAPITRE IV.	— Conséquences de la diversité du principe dans les gouvernemens à institutions représentatives,...................	26
CHAPITRE V.	— De l'équilibre des pouvoirs.........	32
CHAPITRE VI.	— Des majorités parlementaires.......	37
CHAPITRE VII.	— De la souveraineté du peuple.......	50
CHAPITRE VIII.	— Faits.............................	57
CHAPITRE IX.	— Du gouvernement de la Grande-Bretagne depuis 1688 jusqu'au ministère de lord Grey..........................	61
CHAPITRE X.	— Du gouvernement de la Grande-Bretagne depuis la loi de réforme........	67
CHAPITRE XI.	— De la Charte française.............	70
CHAPITRE XII.	— Du pouvoir mésocratique considéré comme pouvoir dominant............	77
CHAPITRE XIII.	— Conséquences du pouvoir mésocratique considéré comme pouvoir dominant.	85
CHAPITRE XIV.	— Du pouvoir royal considéré comme pouvoir dominant...................	95
CHAPITRE XV.	— Nœud de la difficulté..............	99
CHAPITRE XVI.	— De la responsabilité des ministres....	102

Chapitre XVII. — De la nécessité d'une institution spécialement garante de la capacité législative et gouvernementale du pouvoir royal... 112

Chapitre XVIII. — Des ministres d'état.............. 120

Chapitre XIX. — Pour la socialité du pouvoir royal... 122

Chapitre XX. — Pour le perfectionnement législatif.. 126

Chapitre XXI. — Pour la conciliation des partis...... 130

Chapitre XXII. — Des fonctions personnelles du monarque dans la monarchie représentative 134

CONCLUSION.................................. 139

FIN DE LA TABLE.

www.ingramcontent.com/pod-product-compliance
Lightning Source LLC
Chambersburg PA
CBHW072124090426
42739CB00012B/3054